物业管理人的财务思维

钟冶 —— 著

中国商业出版社

图书在版编目（CIP）数据

物业管理人的财务思维 / 钟冶著. — 北京：中国商业出版社，2021.11

ISBN 978-7-5208-1836-0

Ⅰ.①物… Ⅱ.①钟… Ⅲ.①物业管理—财务管理 Ⅳ.①F293.33

中国版本图书馆CIP数据核字(2021)第209736号

责任编辑：朱丽丽

中国商业出版社出版发行
010-63180647　www.c-cbook.com
（100053　北京广安门内报国寺1号）
新华书店经销
河北盛世彩捷印刷有限公司印刷

* * *

880毫米×1230毫米　32开　7.75印张　203千字
2021年11月第1版　2021年11月第1次印刷
定价：42.00元

* * * *

（如有印装质量问题可更换）

关于作者

钟冶，企业管理与财经领域资深专家，专业讲师，财经作家，奈斯管理创始人。

钟冶致力于为企业提供战略规划、顶层设计、管理咨询、投资并购、财务战略体系规划等专业咨询服务。已为雅生活、中铁建物业、金科服务、保利物业、华侨城物业、越秀物业、新力物业等近百家企业提供专业培训服务，同时为众多企业提供专业管理咨询服务。

已出版《懂财务会经营——物业管理经营实战案例》。

钟冶微信　　物业大讲堂　　物业财会学堂

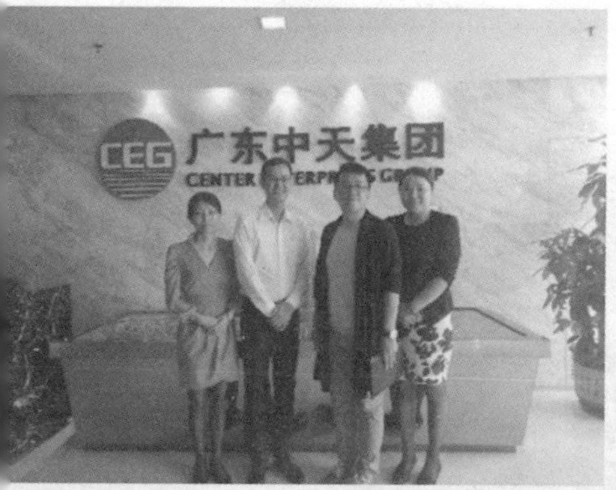
CEG 广东中天集团

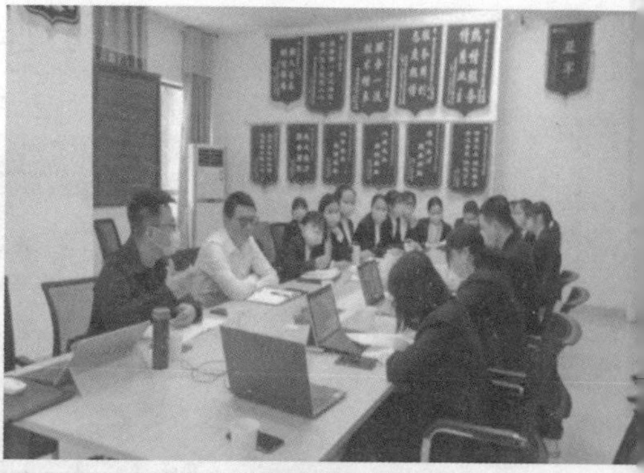

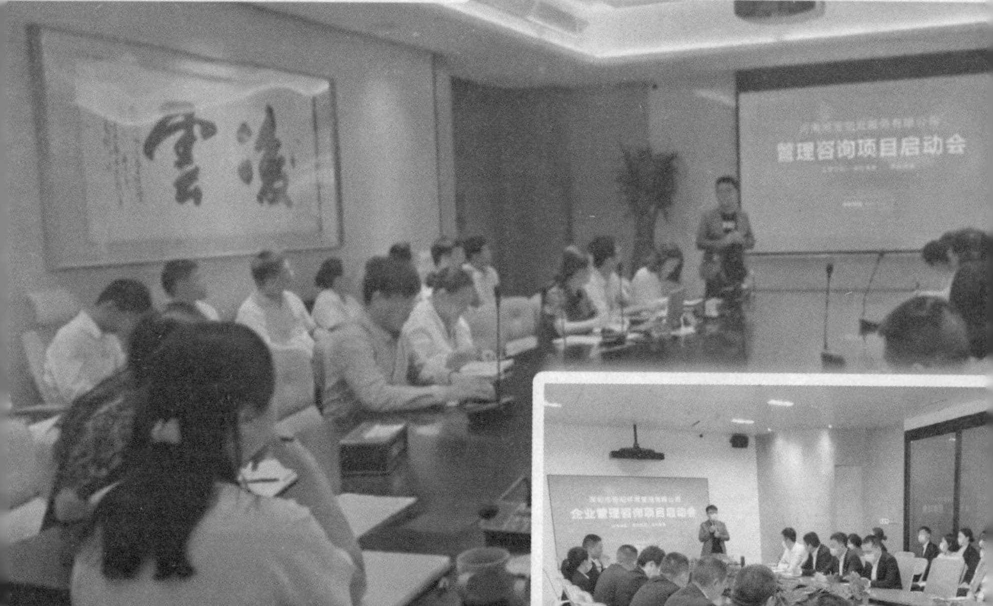
管理咨询项目启动会

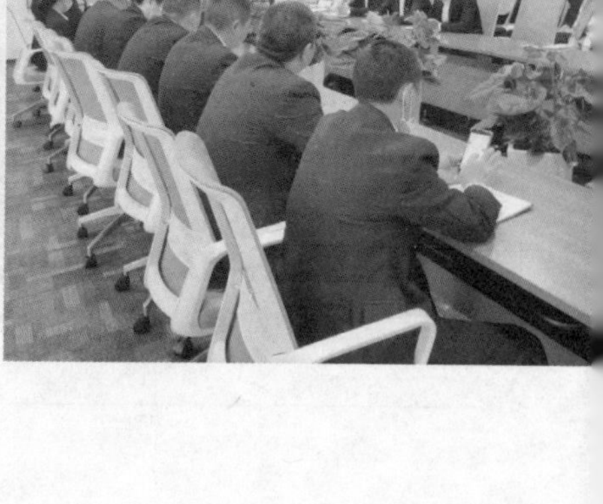
企业管理咨询项目启动会

管理咨询

从专业培训,到落地指导。
从思维意识,到转化行动。
企业管理咨询的最终目标,
是企业经营效益的增长,
是企业竞争力的提升。

从思维到落地
钟冶工作室培训与咨询

专业研究企业管理、财务管控、经营管理、投资并购与上市规划，
已为数百家企业的管理人员提供专业培训服务，并为众多企业提供管理咨询服务。

新疆恒昌《物业企业的非财务人员的财务管理》
（《物业企业管理人员的财务思维与财务管控》1天）
课程开发及讲师：钟治 2017.10.22

雅生活学院2020年投拓

案例分析及催费
2021年3月1

物业财务经营分析与财务职能提升
钟治
五组
甘荣富
赵浩

自 序

讲管理的书很多。

讲财务的书也很多。

但写给总经理特别是物业总经理看的企业管理书，寥寥无几，而涉及财务管理，面向物业总经理的书市面上几乎看不到。

一直想写一本给物业总经理看的书。

既不谈管理定律、领导力或执行力，也不谈物业管理的具体业务、制度、流程、工具或是表格。

在这本书里，更多是谈作为物业管理企业的掌舵者，应该关注什么、思考什么、了解什么。特别是怎么思考和决策物业管理企业的发展问题。

大部分的行业从业者，精通基础业务、市场开拓、运营管理，而对于企业管理、财务管理、经营决策的经验与能力相对缺乏。这在相当大的程度上局限了其视野与思考的深度。思想有了边界，行动就易受局限。

在企业里越是身居高位，越是需要跳出具体业务，跳出自身的视野，站在更高的层面，关注市场，了解世界。以局外人的视角观察企业、观察世界，管理者思考的边界会更宽泛，对企业的认识会更客观、更深入。

因此，本书主要探讨行业内外各个领域，从思维到行动，从宏观到微观，从理念到实践。但又不脱离这个行业的现实。

不知不觉，笔者对行业的观察和思考已逾10年，现在回过头来看看，发现从前的大部分逻辑和思考，对今天的市场依然有效。

因此，我在这本书中进行了归纳与总结，是为了与业界同人一起分享过程中的思考和感受。本书中的每篇文章抽出来都可以独立成篇，因此感兴趣的朋友也可以跳跃阅览。

这不是一本纯粹的工具书，除了有一部分可以拿来即用的内容外，我们更重视对市场和企业经营管理的思考。知识体系没有速成捷径，思维体系亦不是一朝一夕所能建立。系统思维能力、学习能力、独立思考的能力，既是当前行业企业所需，也正是笔者整理文稿、汇编总结这本书的初衷，希望对物业管理企业管理者有所帮助。

目录 Contents

第一章　物业管理者应有的格局思维 …………………………… 1

商业模式的变化、创新思维对物业管理企业发展的影响………… 2
互联网金融还是金融中介？物业公司的经营风险………………… 6
转型不是喊口号，物业管理企业转型更需要理性和耐心………… 8
从"海底捞"跨境，正确理解物业管理行业"标准化"………… 14
红海中的蓝海，物业管理创新发展路径…………………………… 19
从"小米加步枪"思考物业管理的商业逻辑……………………… 24
从发展中逆袭，物业管理企业需要的是变革的勇气和决心……… 30

第二章　物业管理者投资并购应有的财务思维 ………………… 35

新经济需要新服务，新服务呼唤新物业…………………………… 36
行业并购背后的逻辑与思考………………………………………… 42
物业管理企业并购扩张需关注的要点……………………………… 47
规模竞争下的物业管理行业，投资需要更谨慎…………………… 52
物业管理企业投资，尚需专业基本功……………………………… 56
尽职调查，并购中价值与成本博弈的基础………………………… 61
物业管理企业之间如何开展合作…………………………………… 66

对话：物业管理企业的并购与整合·················· 71
2019年行业并购逻辑······························ 77

第三章　物业管理企业的成本管控·············· 83

物业管理企业如何平衡成本与品质················ 84
物业管理企业管理费用的成本控制················ 88
物业管理企业采购成本管理的误区················ 93
物业管理行业的第三方采购······················ 99
物业管理行业的人力成本解析与管控·············· 104

第四章　物业管理企业的预算管理和数据解读···· 109

物业管理行业预算管理的误区···················· 110
物业管理企业如何制订年度目标·················· 117
物业管理企业预算管理中如何设定与考核指标······ 124
解读财务报表，掌握物业管理经营之道············ 129

第五章　物业管理企业的风险控制与税务筹划···· 135

物业管理企业的财务风险管控···················· 136
"黑天鹅"骤降，重创物业"新贵"················ 140
物业管理者都需要了解税务筹划·················· 144
物业管理企业挂靠经营的涉税风险················ 149
增值税条件下物业管理企业的兼营与混营·········· 154
疫情下物业管理企业的税收优惠·················· 161
物业管理企业"老板"也要发年终奖?·············· 166
物业管理企业怎样开展财务内审·················· 172

第六章　物业管理企业的上市发展················ 177

物业管理企业上市，不仅是披上华贵的资本外衣···· 178
物业管理企业上市的成本························ 182

物业管理企业上市前后的财务规划……………… 187
物业管理企业的股权结构设计…………………… 192
物业管理企业上市，规模只是起点……………… 196

第七章 物业管理企业的经营管理……………… 203

物业管理企业的公司治理与股权激励…………… 204
夯实主业是物业管理企业发展的根基…………… 207
社保政策考验的是物业管理企业的管理水平…… 211
物业管理企业对标考察应该学什么？…………… 215
物业管理行业更要注重员工的职业规划………… 219
物业管理企业激励员工的原则…………………… 224

第一章

物业管理者应有的格局思维

- 建立宏观格局思维,能够提升我们的洞察力,从而更精准地透视现象背后的逻辑与本质。
- 物业管理行业除了商业属性,还具有社会属性,责任与机会兼备,行业管理者需要具备更高的格局和眼光。
- 具备宏观思维,面对市场,才具备独立判断的基础,能够客观认识、分析事件的真相。
- 具备宏观格局,才能够预见未来,确定未来正确的发展方向。

面对市场变化,物业管理者要善于打破惯性思维,透视真实的市场逻辑。

商业模式的变化、
创新思维对物业管理企业发展的影响

随着社会经济的发展和科学技术的进步,人们的社会生产发生了很大变化,其思维、视野、认知等方面的变化推动了商业模式的转变。

一、宏观环境如何影响了各行业

宏观环境的变化,直接地反映在各个行业中。很多行业都意识到了这种变化,并早已调整商业布局。雷军创办的"小米"早期就是通过米粉撬动市场。华为此前一直面向渠道供货,专门为其定制手机,后转型面向广大民众,手机业务才真正走上快速良性发展。新媒体中发展势头迅猛的"今日头条"更是颠覆了传统媒体选择好、编辑好新闻推送给受众的模式,转为追踪每一个人的阅读习惯、阅读兴趣,为受众提供更具个性化的新闻定制和信息定制,从而革新了人们阅读新闻的习惯。教育行业也发生了很大转变,纷纷推出了专供线上学习的碎片化课程,从千聊到线上商学院,这种碎片式、价格实惠的课程更受新生代的欢迎。商业运营更注重个体客户的体验和感受。

二、新兴模式下,物业管理行业的变局

在新兴模式的影响下,物业管理行业也在发生变化。我国的

第一章 物业管理者应有的格局思维

物业管理行业源于房地产开发行业。房地产开发商开发建筑、公开销售时需要成立专门的机构负责后期维护与服务，由此诞生了物业管理行业。新建楼盘的首家物业管理公司大多数是由房地产开发商选择和确定的，甚至大部分物业管理公司自身就是开发商成立的下属公司。这种特殊的源起背景，导致物业管理行业所提供的服务虽然表面上是面向业主和住户，但实际上服务的对象却是开发商。物业公司不仅要为开发商解决各类工程遗留问题，实际上还要承担房屋销售的部分售后服务，依赖开发商的补贴，维护开发商的权益，打造物业服务品牌也主要是为开发商销售房屋提供增值服务。

当然，彼时物业公司也不需要考虑自身的经营压力。即使是一些所谓的市场化的物业公司，要想介入"前期服务"，势必也需要提供同样的服务模式。因此，尽管物业公司的合同约定是面向业主和住户提供服务，却常常不被业主和住户所认同和接受，有些物业公司还与业主之间矛盾不断。历史上，几乎没有哪个服务行业是发展了数十年，却仍不被其服务的客户所认同和接受的，这不符合市场逻辑。

长期依附于房地产开发行业，使物业管理企业形成了"依附"的惯性，习惯于依靠和求助于甲方、行业主管部门和行业协会。这种成长经历，使物业公司缺乏作为一个企业应该具备的独立生存、独立经营的能力。

用市场视角来看，无论是物业管理行业，还是行业所依附的力量都不具备希拉里的影响力，唯一的共同点在于二者都忽视了社会阶层的改变、市场主体的变化。房地产的黄金十年过去了，市场上的存量房越来越多，越来越多的小区由前期物业管理进入正常物业管理阶段。市场力量之下，物业管理企业真正的核心客户将回归主流，回到市场发展的本质中。事实上，当房地产市场红利下滑，许多房地产开发商已经开始自顾不暇，纷纷要求下属的物业公司开始独立经营、自负盈亏。

客观地说，主流和非主流也是相对的。17世纪，伽利略在比萨斜塔上做两个铁球同时落地的实验时，亚里士多德当时违背自然规律的学说就是绝对的主流。主流有时候之所以是主流，是因为他们掌握了话语权，而并不因为他们真的就是"主流"。通常，物业管理行业认为业内的主流是类似于百强企业的明星企业。其实从数据上来看，无论是企业数量，还是营业收入占比，百强企业都是非主流，10万多家默默无闻的中小企业才是行业的主流。

如果拓展市场是面向行业内的企业，就要面向这些默默无闻的中小型企业。如果是面向服务的客户，就要关注小业主的体验和感受，甚至是个体的体验和感受，尽管他们的需求也并不都是合理的。

（本文发表于《现代物业》2016年11期，文章名为"特朗普背后的市场逻辑"，于2021年5月编辑整理）

> **后记**
>
> 表1-1、表1-2列出了物业管理市场10年来TOP10企业的变化。
>
> **表1-1　2020年5月中指研究院公布物业百强TOP10**
>
> | 排名 | 企业名称 |
> | --- | --- |
> | 1 | 碧桂园服务控股有限公司 |
> | 2 | 绿城物业服务集团有限公司 |
> | 3 | 保利物业发展股份有限公司 |
> | 4 | 雅居乐雅生活服务股份有限公司 |
> | 5 | 恒大金碧物业（金碧物业有限公司） |
> | 6 | 彩生活服务集团 |
> | 7 | 龙湖物业服务集团有限公司 |
> | 8 | 深圳市金地物业管理有限公司 |
> | 9 | 招商局积余产业运营服务股份有限公司 |
> | 10 | 金科物业服务集团有限公司 |
>
> **表1-2　2010年11月中指研究院公布的物业百强TOP10**
>
> | 排名 | 企业名称 |
> | --- | --- |
> | 1 | 深圳市万科物业服务有限公司 |
> | 2 | 中海物业管理有限公司 |
> | 3 | 长城物业集团股份有限公司 |
> | 4 | 中航物业管理有限公司 |
> | 5 | 浙江绿城物业管理有限公司 |
> | 6 | 深圳市金地物业管理有限公司 |
> | 7 | 上海陆家嘴物业管理有限公司 |
> | 8 | 上海明华物业公司 |
> | 9 | 广州天力物业发展有限公司 |
> | 10 | 北京市均豪物业管理有限责任公司 |

> 风险往往披着赚钱的外衣，企业在关注利润的同时更要关注风险。微观亦在宏观之下，不要让狭隘的视角阻碍了思维。

互联网金融还是金融中介？物业公司的经营风险

一、互联网金融的机遇与风险

互联网金融业务的火爆有其深厚的市场因素，国内金融体制不能给予最具活力的中小微企业资金上的支持。

但是互联网金融在经历了三年的爆炸性成长后，乱象环生。2016年4月，全国范围内启动有关互联网金融领域的专项整治，很多互金平台开始淡化互联网金融形象，生怕与P2P挂钩，并将公司定义为金融科技公司。

面对"现金贷"业务的疯狂扩展，2017年12月央行联合银监会（2018年4月银监会保监会合并为银保监会）正式下发《关于规范整顿"现金贷"业务的通知》，对网络小额贷款的清理整顿工作全面开启，持有小贷牌照的金融科技公司也深受影响。2018年国务院政府工作报告提出的三大攻坚战就包括防范化解重大风险，报告同时指出，"强化金融监管统筹协调，健全对影子银行、互联网金融、金融控股公司等监管，进一步完善金融监管"。

或许金融科技公司自身亦有市场定位、业务转型、多元发展的内生需求，但是集体去金融化毫无疑问与当时的强监管环境有关。

金融产品和金融行业是个特殊的产业，它的成败对现代社会有着重大影响。据零壹数据统计，截至2018年5月底，P2P网贷行业正常运营平台有1557家，其中问题平台67家，问题类型主要表现为网站关闭和失联，分别有32家和18家。

二、物业公司涉足金融领域更要谨慎

时至2021年，很多物业公司在其业务平台上，向客户兜售各种各样的服务和产品，以延伸其价值链。其中就不乏金融产品。但是，大多数物业公司在其中充当的是"中间人"的角色，向客户介绍金融产品，吸引其购买，从而收取佣金或者物业费返还。事实上，在这种模式中，物业公司面临的风险很大，一旦金融产品出现问题，平台公司或者金融公司出现兑付难的问题，无论是否跑路、失联、破产，物业公司作为"居间角色"都将面临巨大风险。有些金融科技公司还以免费使用平台为条件，要求物业公司居中担保。这简直就是坑。倒不是说金融理财产品一定会出事，可是为点蝇头小利承担如此大的风险，值吗？

金融风险无论是政策风险还是市场风险，都是物业管理企业承受不起的。

（本文发表于《住宅与房地产》2018年07期，文章名为"去金融化"，于2021年5月编辑整理）

> 今天的华为手机已然是国产品牌手机的卓越代表,其背后的转型之路却艰辛但坚决。行业转型也应如此,既非盲目追热点,也不能空喊口号。

转型不是喊口号,
物业管理企业转型更需要理性和耐心

2019年年初,华为发布了一款5G折叠屏手机Mate X,作为国内第一款成型的折叠手机,售价2299欧元,折合人民币17500元。网友戏称:以前是没钱买华为,现在是没钱买华为。这句话很妙。当时的华为手机,在国内出货量第一;在全球,华为手机的出货量也超越苹果,仅次于三星。而曾经的华为,还只是中国三大通信业的打工仔,只能够做定制手机。这也是网友"以前没钱买华为"这句话的缘由。

2013年,市场研究公司Canalys发布的研究数据中,2013年第三季度全球智能手机出货量为2.5亿部,其中三星和苹果的智能手机出货量分列全球第一和第二位,华为、联想和LG智能手机出货量进入了全球前五名。尽管这体现了当时华为在智能手机市场上的地位。但是不可否认的是,彼时华为的手机多数是面向运营商的低端定制机。其实不仅是手机业务,华为的传统业务如路由器和交换机等,均是主要面向运营商的。按照华为的说法,就是用直销的模式,直接面对运营商,利用低成本、高性价比的优势,满足少量客户多方面的需求。从国内到国外、从交换机到手机,华为正是凭借着更快、更好、更便宜的竞争优势拿下了一个又一个运营商的订单,打败了爱立信、阿尔卡特、西门子、富士通、朗讯、北电等国际竞争对手。除此之外,包括巨龙、大唐、中兴等国内对手,也均被其斩落马下。华为追赶的似乎只有思科,思科也视其为唯一的强劲对手。作为一家无背景、无资源、缺资本的民营企业,华为因此被众多跨国对手视作"东方幽灵"。国内也有人称其是"中国最优质的一家民营企业,没有之一"。

这样优秀的华为,在2011年却遇到了麻烦。销售收入虽然仍在增长,但是销售利润、利润率、经营现金流均出现了大幅下降。根据华为官方网站公布的财报数字(见表1-3)显示,2011年营业利润比上年下降了39%,利润率比上年下降了46%,经营活动现金流则下降了44%。华为当时轮值CEO在年度财报中表示,效益下降是由2011年全球经济低迷,部分地区政局动荡、汇率波动(华为海外收入占70%)等因素造成的。事实上这不是全部,之前华为已经意识到占据其75%份额的运营商市场已经逐渐饱和,企业业务和消费者业务将有更大的发展空间。据当时的数据显示,未来几年全球企业业务市场规模将达到1.4万亿美元,消费者业务为2 700亿美元,而华为擅长的运营商业务仅为1 500亿美元。

表1-3 华为五年财务概要

单位:百万元

项目	2012年	2011年	2010年	2009年	2008年
销售收入	220 198	203 929	182 548	146 607	123 080
营业利润	19 957	18 582	30 676	22 241	17 076
营业利润率	9.1%	9.1%	16.8%	15.2%	13.9%
净利润	15 380	11 647	24 716	19 001	7 891
经营活动现金流	24 969	17 826	31 555	24 188	4 561
现金与短期投资	71 649	62 342	55 458	38 214	24 133
运营资本	63 251	56 728	60 899	43 286	25 921
总资产	210 006	193 849	178 984	148 968	119 286

续表

项目	2012年	2011年	2010年	2009年	2008年
总借款	20 754	20 327	12 959	16 115	17 148
所有者权益	75 024	66 228	69 400	52 741	37 886
资产负债率	64.3%	65.8%	61.2%	64.6%	68.2%

因此，2011年华为将公司分成了三大业务集团（BG），分别面向运营商、企业和消费者，并希望以此带动公司继续高速成长，实现1000亿美元的目标。这既是华为的主动转型，也是经营环境的压力所致：彼时的运营商市场留给华为的空间已经极为有限。这种转型对华为来说并不容易。无论是企业业务，还是消费者业务，对华为来说都是陌生的。华为毕竟是以技术、研发见长的企业，一直是以运营商为主，华为企业业务BG CEO徐文伟曾经表示："很多的运作观念自然而然受到一些原来直销模式思维的影响，这让我们摔了很多跤。"毕竟在运营商市场，面对的只是全球几百个客户，而转到企业业务，面对的则是成千上万的客户，两者之间有着很大的差异。对此，华为并不擅长。企业业务如此，那么面向消费者的终端公司呢？

2011年，华为将旗下所有面向消费者的业务如手机、其他终端设备、互联网以及芯片业务（主要由华为控股的海思公司承担）整合在一起，组成了消费者BG。其负责人余承东表示长期做运营商定制手机，这个基因是华为终端最大的挑战。华为开始尝试从电信运营商背后跳到大众消费者面前，它要真正面向消费者。转型是艰难的。尽管如此，华为还是快速转身了，而且转得毅然决然！

有媒体报道，华为消费者业务2012年利润同比增长80%，2013年上半年智能手机发货量增长一倍。在企业业务方面2012年华为企业业务销售收入为18.5亿美元，同比增长25.8%；当时预计2013年将增至27亿美元，增长近50%。对于2013年上半年华为良好的业绩增长，其CFO孟晚舟是这样总结的："主要得益于运营商网络持续稳定增长，企业业务拓展有力，智能手机快速增长，以及公司运营效率的持续提升。"尽管企业业务和消费者业务在华为业务整体中比例还较小，但是没有它们的快速增长，华为也很难在五大设备商中一枝独秀，取得骄人的业绩。

从艰难起步，到滞销压库存，到技术越来越成熟，到2015年成为跃居国内出货量第一的手机厂商，华为的转型非常成功！相反，当时同样规模、同样处于调整中的爱立信却选择了不同的方向，坚持"服务、软件和硬件"的战略，由一系列收购打造的解决方案业务表现欠佳。这也充分证明了华为面向消费者转身的方向是正确的。

物业管理企业向来是面向房地产开发商的，为房地产开发商提供各种售后服务、增值服务，为房地产商的产品销售加分等。从媒体公布的物业管理行业发展报告中可以看到，排行榜靠前的全部是开发商下属的物业公司，有些物业管理企业甚至索性将"致力于成为房地产的综合服务商"作为自己的使命。这本也无可厚非，但是从理论上来说，物业管理企业的服务对象应该是终端客户。研究他们的需求，为他们提供切实的服务应是行业的趋势。在行业中并非没有这样的实践。

天津鼎德物业有限公司就是以服务终端客户为目标的一家物业公司，由打假先锋人物王海与"丽娜模式"创始人崔丽娜合作经营，开创了一种完全不同于传统物业管理企业的经营模式，提倡"区分穷尽、物权自主、量化公开"，区分穷尽是指将小区的公共部分，只要能分给业主的都分出去，谁使用谁维护；物权自主是指除了产权证面积以外的共有部分及分给业主部分的共有部分，由业主自己说了算；量化公开是指小区的全部收入、支出必须定量再公开，这种量化的全过程要公开、透明、程序化，科学地界定和分摊物业维护费。丽娜模式已在天津、浙江等多个项目成功运作。这种模式完全以终端客户为中心，降低物业管理的各项支出成本，增进业主的公共意识，加大业主的自主权。对物业公司而言，采用丽娜模式企业所获得的利润相比传统的模式显然要少得多，但是却明确了权责、减少了矛盾和摩擦。从长期来看这确实是一种能够真正实现共赢的经营模式，改变了物业管理企业从开发商手中接单签约，在管了几年之后由于成本压力、管理困境、与业主之间的矛盾与纠纷等问题而弃盘，或与业主关系水火不容的局面。任何一个行业如果只关注短期利益，都难以做到真正的永续经营。

即便是房地产商下属的物业公司也必须重视终端客户市场。河北的卓达物业就是一家开发商下属的物业公司，其在服务开发商建设的楼盘以外，也面向市场承接项目，并在这个过程中对终端客户进行了细分，围绕终端客户的需求，开发了物业管理的延伸业务——"养老服务"。卓达物业的养老服务并不是真正的养老服务，并不等同于社会上的养老机构，只是其在日常的管理服务中，关注到小区内老年客户群体的服务需求，根据老人的年龄层次、家庭层次、服务需求和消费能力进行全面细分，针对性地为这部分的老年客户设计提供个性化的服务。将养老服务作为卓达物业的一大特色，从而为其获得良好的市场口碑。

无论是丽娜模式还是卓达物业的养老服务，行业中真正面向终端客户的都还只占据很小的比重，**并且在当下的市场环境中，也难以形成行业的主流，但这种积极的尝试和创新，仍然是当下行业需要汲取和学习的**。像华为这样优秀的企业要推动转型尚且如此困难，一个本来就寄生于房地产的行业要实现向终端消费者的转型更是不易。也许只有市场有这个力量推动行业的转型，但是市场不会等候我们成熟，市场也不会受阻于红头文件和寻租利益。市场一定会按照其既有的规律向前发展。

（本文发表于《住宅与房地产》2013年11期，文章名为"'东方幽灵'的艰难转身"，于2021年5月编辑整理）

> **后记**
>
> 华为年报显示，2020年营业收入达到了8913.68亿元人民币，较之上文提到的2012年2201.98亿累计增长了3倍多，其中企业业务增长了7.7倍，消费者业务增长了8.98倍，其他业务增长了26.6倍，但是运营商业务仅累计增长了89%（见表1-4）。
>
> 表1-4 华为2020年与2012年年报业务数据对比
>
> | | 2020年（亿元） | 2012年（亿元） | 增长（%） |
> | --- | --- | --- | --- |
> | 运营商业务 | 3 026.21 | 1 600.93 | 89.03 |
> | 企业业务 | 1 003.39 | 115.30 | 770.24 |
> | 消费者业务 | 4 829.16 | 483.76 | 898.26 |
> | 其他 | 54.92 | 1.99 | 2 659.80 |
> | 合计 | 8 913.68 | 2 201.98 | 304.80 |
>
> 如果华为没有2011年的业务发展战略和方向转型，就很难有这9年的高速发展。曾经是华为最擅长的运营商业务2012年占据其业务7成以上，截止到2020年，该业务仅占其业务的34%，而曾经其最不擅长的消费者业务却占其业务的54%，成为最重要的业务板块。

> 甲之蜜糖、乙之砒霜。运营模式不能够简单复制。企业面临不同的市场环境、人文习惯，固有的成功运营模式也需要做出相应的调整。不同的企业，有其特定的运营模式，企业对标、学习，不能盲目跟从，需要结合自身的实际状况借鉴和汲取。

从"海底捞"跨境，正确理解物业管理行业"标准化"

作为餐饮服务业界的神话，2013年，海底捞将美味的中式火锅与极致的服务文化一并带到了国外，其海外分店相继开进了新加坡、美国、日本、英国。同不少将中国传统美食发展至国外的品牌餐饮一样，海底捞初到国外也结合当地的人文特点与餐饮习惯，在食材及菜品方面根据当地人的口味作了调整，对于其品牌形象、管理理念，以及闻名国内的极致的服务文化上面，则仍然复制着其国内为消费者热捧的成功经验。但这种复制在国外却并非一帆风顺。

首先，是在服务模式上面，海底捞热情极致的服务文化在国内称赞连连，在国外却出现了"水土不服"。其在新加坡的首家餐厅开张不久，就不得不取消了在国内备受好评的擦鞋服务，因为新加坡地属热带雨林气候，常年天气湿热，大家都习惯穿凉鞋，甚少需要擦鞋服务。此外，在国内大家都习惯了享受餐厅的免费服务，罕有"给小费"的习惯，但在国外许多餐厅都明码实价的标注着每单服务要收取15%至30%的小费。而与海底捞原有"伺候型"的服务文化更加不同的是，尽管西方餐饮行业同样讲究"顾客至上"，但其更加提倡"适度"服务。像美国餐饮业，很早就提倡服务人员的敬业精神和顾客的自主自助能力,海底捞的一些"中国式创新"在美国可能已经成为常态。例如,在美国餐厅服务生看了信用卡后能够称呼客户姓名是服务常态,而对老客人一进店就能直呼其名也并不稀奇,但是通过几句对话就推导出客人的家庭情况、生理情况并主动提及或关怀的行为却几乎没有,因为会涉及个人隐私而遭到客人的反感。至于海底捞在国内为排队就餐的客户所提供的打牌或搞笑娱乐,更是许多美国人眼中的不雅行为,他们更习惯于在安静的环境中品味美食。因此,就连海底捞的创始人张勇也表示:海底捞的个性化服务并不会完全适用于美国市场。

为此,海底捞迅速对美国市场做出"入乡随俗"的调整:首先,将中国常用的大火锅改成了分餐制的"小火锅";把开店的地点选择在近五成以上居民都是华人的地方,降低了对中餐的接受门槛;将不符合美国人餐饮习惯的特色配菜,如腰花、脑花、鸭肠等移出了美国店的菜单。

其他海外市场的门店也根据当地文化、人文习俗做出改变:海底捞英国伦敦店,首层与国内热情服务的等候区不同,而是打造成为一个145平方米的零售店,展示带有海底捞LOGO的烹饪用具、食品、茶具、玩具与配饰;日本店则面向中午就餐的消费者推出了各式套餐。海底捞的所有海外门店基本上都取消了美甲、擦鞋等在外国市场属于"过度服务"的部分。

其次,在人力成本方面。与国外相比,中国一直更具备人口红利的优势。在国内,海底捞的人员招聘渠道主要是农村,人力充足,成本相对也比较低。而国外,雇用餐饮员工则是"贵劳力"。像在新加坡,当时3 000块新币(折合人民币约为14 670元)都很难招到一名洗碗工。由于缺乏充足的基层劳动力供应,很难启用优胜劣汰的人才选拔机制,从而也无法保障海底捞新加坡的门店达到国内门店的服务水平与质素,即便是同样采用海底捞特有的培训模式,由于地域和人文的差异,国外员工对海底捞的培训与工作要求的接受程度往往也和国内人员相差很大。面对这种国外开店招人难、用人难的状况，海底捞曾尝试将国内优秀的骨干调到国外，但这也并不是件容易事。2012年，海底捞选派中国的老员工赴新加坡工作时，就屡屡遭遇工作签证被拒的事件。基层劳动力的缺乏、高昂的人力成本都成为海底捞发展海外市场所亟待解决的问题。

"地球人已无法阻挡"的海底捞在面对不同文化、不同消费习惯的海外市场时，从服务内容到服务形式也都做出了很大的调整，这种调整甚至意味着放弃在国内曾经无往不胜的经验。

物业管理企业与海底捞一样，其业务发展也同样面临着跨区域特征。如今，一家物业公司管理数十、数百个项目，分布全国各地的现象已十分常见。早几年，开元国际也曾试图走向境外，进入越南市场，但随后几年同样由于异地水土不服撤出了越南市场。所不同的是物业管理行业的水土不服不仅体现在海外市场，对国内市场也是如此。

餐饮行业无论是在境内还是境外，在菜式、口味等方面都会在保持自己原有特色的同时做着相应的调整，以更好地适应当地人群的饮食偏好、人文习惯。而物业管理行业随着业务的跨区域发展，由于普遍缺乏系统的管控能力，现场的服务品质出现了较多问题，因此行业格外推崇所谓的标准化服务。可是"标准化"同样也面临着水土不服的问题，因为仅仅注重服务标准在形式上的统一，却忽略了各个地域之间的文化差异，闹出了不少笑话。

标准化不是一根领带、一套制服、一套说辞，这是单调，不是标准。在这方面，物业管理还缺乏餐饮行业对客户需求的挖掘和了解，缺乏对异地市场的适应能力。甚至很多物业管理企业动辄就以"高端""星级"标榜服务特色。

说到高端服务，行业曾津津乐道"英式管家"服务，最早起源于欧洲，原本是一个西式贵族化的服务模式，而在中国落地时却大都变了味。所谓的"英式管家"，除了名字中带点西式的味道，大多与真正的英式管家没有任何关系。这些落地在中国的"英式管家"们，大多缺乏专业正规的管家培训，对商务礼仪尚一知半解，而像物业服务广告宣传中的红酒品鉴、奢侈品保养、理财顾问等更是无从说起。待客户入住后会发现，所谓管家也就相当于一个客服人员，而且一个管家往往要服务几十人甚至更多客户。所谓的"英式管家"服务演变成了一种华而不实的噱头。

对跨地域的人才招聘，行业经常会采用和海底捞类似的方式，即就地培训+异地招聘或调配。这种安排倒是没有海底捞的签证麻烦，但也面临着诸多问题。由于各地发展水平不一样，各地劳动力的状况也不尽相同。例如，在发达一线城市，由于外来人口较多，招聘基层劳动力像保安、保洁等相对容易一些。而在北方的一些城市，保安工作往往被视为地位较低的职业，即使开出优厚的薪酬也很难招到合适的人员，造成招人难、留人难的问题。而招聘同样的职位，由于地域文化的不同，员工的服务意识、服务水平及培训的接受程度都相差甚远。要达到统一的标准，对企业的培训能力要求很高，目前物业管理企业还不具备海底捞那样强大的培训能力。面对这种情况，也有不少公司采用从总部统一调配管理人员、优秀骨干，或是统一从深圳等发达地区招募和选派优秀的人才的办法，虽然能在一定程度上解决招聘人员的素质问题，但也要付出高昂的人力成本，同时，外派人员不仅要克服水土不服，与本地团队充分磨合、相互协作，还要面对长期外派工作的各方面压力。这也成为行业人员流动频繁的重要因素。

海底捞面对不同的市场时，尚且需要做出重大调整，这种调整甚至是对过往成功经验的摒弃，但这是必需的！物业管理企业面对不同市场时，更要摒弃过往曾经给自己带来收益的"噱头文化""忽悠文化"，潜心研究市场的真正需求，真正重视客户需求，为其提供真正有价值的服务。

（本文发表于《住宅与房地产》2013年11期，文章名为"海底捞，跨境难捞"，于2021年5月编辑整理）

后记

　　事实上,曾以热情服务而闻名的海底捞,如今也正备受市场争议,越来越多年轻人表示不认同,也无法接受海底捞的"过度服务",甚至有顾客认为海底捞的服务有侵犯顾客隐私之嫌。比如,几位客人吃饭想聊一聊天,却不断被服务人员的"热情服务"打断,甚至聊天的内容也被服务人员"热情关注",不断"提供建议"甚至是送上"心灵鸡汤"等。曾备受好评的细致服务反而成为使客户不适、反感的负累。事实上,不仅是市场不同,服务模式需要调整,当市场发生变化时,企业也需要适时调整和升级产品、服务的模式。实践证明,市场是不断变化的,企业想获得长久的生命力,需要顺应市场的变化而变化。同时客户的需求是同样的,品质和服务要有针对性和差异性。物业管理服务亦然。

> 所谓蓝海，一众跟风涌入，也就变成了红海。所谓红海，用心挖潜寻找商机，就是蓝海。所谓商机，很多时候需要的是细致的观察与务实的思考。

红海中的蓝海，物业管理创新发展路径

近几年，受成本上涨等因素的影响，传统零售业与电商的竞争日趋激烈，淘宝、京东、当当、亚马逊……铺天盖地的促销席卷而来，微信小程序将微商也推动到电商大军中来，挤压着传统零售业的市场份额。据联商网统计数据，2015年主要零售企业（百货、超市等）在国内共计关闭1 709家门店，相比2014年关闭的201家门店，大幅增加。冷冰冰的数字反映出零售业面临的阵痛以及未来前行的迷茫，不少人喊出"电商已兴，零售消亡"的论调。整个零售业俨然成了一片沸腾的红海。面对如此严峻的生存威胁，不少传统零售业迈出变革的脚步，苏宁易购、国美、红星美凯龙纷纷开设网上商城，连一直坚持线下运营的宜家家居都开始运营网上商城，意图抢占网上零售市场，力图博取一线生机。此时，一家位于三线城市的便利店——永和超市，却以最为传统的方式悄然开辟出了一片蓝海。

永和超市是唐山的一家连锁便利店，创立了十多年，到2013年已拥有35家门店，总营业面积仅4 000平方米，销售额却高达1.5亿元。在北京、上海这样的一线城市，都很少有便利店的单店能实现日均销售1万元以上。而在永和超市，日均销售1万元仅仅是个起步价，有的店甚至超过2万元。是什么使永和超市拥有如此斐然的业绩？是商业模式的创新？是产业的转型升级？是引进高端

的科学技术？还是学习海底捞极致的服务文化？

答案，以上皆非。

在传统零售与电商激烈厮杀的红海中，永和超市另辟蹊径选择了一条十分传统却又非常务实的发展道路。

永和超市的创始人，原是一家国营饭店的厨师，下岗后凭借一手好厨艺在小区附近开了一家熟食店，吸引了不少小区住户。在跟住户打交道的过程中，李勇发现周边居民之所以买熟食，很大原因是农贸市场和大型超市离小区较远，买熟食解决一日三餐是图方便。于是，他想：何不把菜市场开进社区？于是，他到农产品批发市场采购各种蔬菜，买来货架陈列开来做成小店铺，随着生意越做越大，为了满足小区住户的各种需求，不断扩充商品种类，从蔬菜食品到日用品，将熟食店改成了小超市，这便是永和超市的雏形。从最初的一家熟食店，发展成为年销售额达1.5亿元的规模超市，永和超市靠的既不是模式创新，也非什么高端技术，而是非常朴实的经营管理之道。

一、商品选择：多品种、精品牌

从开第二家店开始，李勇按面积将门店分为三类，并对应一定数量的单品，采取多品种、精品牌的策略。以酱油为例，有海天、佳佳和厨邦等数个畅销品牌，而每个品牌又有十几种口味，在大超市的酱油光单品就有100多种，这对便利店来说严重占据货架空间，而且非常不利于消费者快速做出选择。为此，他只选择了两个一线品牌，且每个品牌只选择消费频次最高的一、两种规格，种类上只选择老抽和生抽最为常用的。这样一来，顾客买酱油时一目了然，几乎不用考虑就把酱油放进了购物篮。减少顾客挑选商品的困扰，缩短交易时间，这对便利店来说本身就是一种便利。

此外，李勇还发现，对于便利店来说日用品中一次性消耗品由于周转快而更有价值。因此，在商品品类上会优先考虑像卫生纸、厨房用纸、保鲜膜和牙膏等一次性消费品，减少那些看起来单个利润很高的耐用品。这样一来，超市整体的销售额反而大幅提升。

二、布局陈列：迎合客户的消费习惯

永和超市的店内布局、货架摆放也很有特色。

首先是品类主次鲜明。大量生鲜熟食占总量的70%，其他油盐酱醋、零食和百货等最多不超过3个货架。永和超市仅一个60多平方米的店就囊括51种蔬菜，而常规大卖场里也不过80种。

其次是充分利用空间。将最重要的生鲜百货摆在正中间，货架设计成两层，上面陈列台面，下面堆放库存，便于店员们在销售繁忙时及时补货。四周靠墙的一圈货架摆放其他商品，使店内单位面积的利用效率非常高。

最后是关联商品陈列。永和超市的商品陈列和其他超市不同，看似杂乱无章，但却有内在关联。例如，将食用油放在猪肉货架上方，将番茄摆放在鸡蛋旁边，将牛奶豆浆陈列在面点货柜上等。

这些迎合客户消费习惯的店面布局标准，复制在永和超市的35家店铺里。

三、人员管理：信任管理与充分授权

永和超市的组织架构从上到下依次是核心管理层、区域经理、店长和店员，简单明了。店长和店员以女性居多，一方面，女性比男性心细，更擅长居家生活事务；另一方面，女性店员更有亲和力，更容易站在家庭主妇的角度考虑问题。

永和超市的区域经理、店长甚至店员都有极大的自主权，绝大多数情况下不需请示李勇。一线员工可以根据蔬菜水果的新鲜度，自行决定如何组织打折出售。比如，每天下午客流较少或临近打烊时，员工们会将滞销的苹果和新鲜的白菜打包出售，还将上架了两天的桃子和土豆捆绑贩卖等，不少精打细算的家庭主妇

甚至专门在临近打烊的时间来挑选打折的生鲜食品。这种授权促销的策略，既激发了员工的积极性，又有效地拉动了客流，同时还将生鲜产品的损耗率大幅降低至2%以下，可谓多赢。

四、资金管理：从毛利到周转

经营超市，价格是必不可少的优势。与一、二线城市消费者关注购物环境和服务品质不同，三线市场的消费者对商品价格更敏感。例如猪肉，大超市的毛利率一般为16~18个点，而永和超市却把毛利率从以前的12个点降到了9个点。一般传统便利店有30%的毛利率，但一天销售额仅3 000元左右，毛利仅900元。而永和超市的毛利率只有15%，但每天销售在1万元以上，毛利至少是1 500元。通过提高周转率而提升毛利，成为永和超市的核心竞争力。

事实上，作为传统行业，永和超市并没有什么特别的招数。如果非要定义永和超市的成功之道，那就是从一、二线城市竞争激烈的红海之中，寻找到了自己的生存空间，立足三线城市，深入市场需求，扎实做好超市的"进销存"这些看似非常基础的业务：从采购环节的商品选择，到销售环节的店内布局和货架陈列，从授权管理到资金管理，无不是企业管理中的常规内容，但永和超市始终以经营的视角，深入分析市场的需求，以满足客户的最终需求作为管理的出发点，使每一个模块都成为企业核心竞争的优势所在。

与传统的零售业相比，物业管理行业同样也是门槛较低、竞争激烈的行业，同样困顿于行业的红海之中。尤其是近几年，成本上涨、迫于生存窘境等声音不绝于耳，纷纷倡导行业转型、产业升级、模式创新、多元化经营……却罕有提倡扎实做好基础业务的代表。

舍本逐末的结果就是：一方面，物业公司身陷经营的困境、社会负评的窘境；另一方面，行业纠纷和投诉事件不断，从电梯事故频发到房屋老龄化的修缮与维护，从逐年高企的成本到物管费收缴的压力……历史遗留的、新滋生的问题都将物业管理行业推上了尴尬的境地。但这些问题，仍集中在行业的基础业务管理与经营管理。如何管理成本、提高效率，如何吸引人才、稳定团队，如何挖掘客户需求，提高经营收益等，这些并不能够通过提出所谓的商业模式创新、向资产管理转型的口号有效解决。当今的消费者见惯了各种华丽的辞藻，他们清楚地知道自己需要的是实实在在的服务。炫目的理念如果能够落地当然很好，不过如果连门岗都管不好，再多概念和情怀都无效。

受房地产行业发展的影响，开发商都把物业管理视为给楼盘销售加分的助推器，很多大品牌的开发商在走向成熟时，也期望旗下的物业公司能够走向独立经营，为地产加分的同时又能减负，推动更多的物业管理企业走向市场，这也导致物业管理行业的竞争日益加剧。

面对竞争激烈的红海，物业管理企业必须正视自身存在的问题，重视提高开展基础业务的能力，深入分析市场，找准自己的核心竞争力。与其在概念上做文章，不如扎扎实实地寻找红海中的蓝海。

（本文发表于《住宅与房地产》2013年09期，文章名为"红海中的蓝海"，于2021年5月编辑整理）

后记

永和超市虽然是一家名不见经传的小超市，但是它过往的成功经历，却能给很多中小物业管理企业以启示，每个企业只要立足于自身，充分把握和满足客户需求，找准自己的优势，做精、做强，都有自己的生存发展之路。

> 实力弱、利润薄都不是阻碍企业发展的因素，跨界经营、多元发展也不是突破经营困境的良药，企业需要结合实际制定合理的商业逻辑。

从"小米加步枪"思考物业管理的商业逻辑

2018年11月12日，小米公布了双11成绩单：小米新零售全渠道支付金额突破52.5亿元，共斩获128项冠军。其中，含金量最高的天猫品牌旗舰店支付金额冠军，小米实现了参加双11以来的6连冠。小米给了我们又一次惊喜。

还记得2012年6月6日下午，盛大在北京推出了首款智能手机Bambook Phone,售价1 299元，这是"一部定位给中国80%消费者的智能手机"。同时盛大还特地公布了该手机所有主要部件的供应商。比如康宁的玻璃、夏普的屏幕、还有意法爱立信U8500双核处理器。除了强调高配置低价格之外，盛大还会采取"以销定产"的销售模式，即先在官网预定，再倒推产量，然后发货给用户。这一切看起来是如此眼熟。

不错，这曾是小米手机应用过的商业模式，按照雷军的话来说，就是以互联网的方式做手机。金山软件出身的雷军在成功转型做了几年天使投资后，终于"耐不住寂寞"，开始了他的第二次创业，于2010年4月低调成立了小米科技，一举杀入手机领域。做软件的要做硬件，而且做的是手机！彼时手机领域可有着久负盛名的摩托罗拉、诺基亚，还有后来居上的HTC、三星，更有当时一枝独秀的苹果。

所谓以互联网的方式做手机，在小米手机身上，至少体现出这么几个特点：（1）通过互联网培养粉丝；（2）手机销售只在线上，不在线下销售；（3）手机性价比高；（4）让客户参与到手机的设计和制造过程。这种销售方式明显有别于传统的手机渠道销售模式。简单地说，它的优点在于通过互联网积聚人气，线上销售节约渠道费用，从而支持高品质、低价格，利用高性价比取得量的优势。

2011年9月5日，小米首次在网上预订销售，34小时预订出30万台；12月18日，第二次预订销售，3个小时又卖出10万台；就这样，小米手机2011年销售轻松完成8个亿。尽管如此，我们还是很难想到小米手机在2012年居然会有这么大爆发力。2010年创投界对小米的估值为2.5亿美元，2012年年初就已经达到10亿美元。要知道雷军呕心沥血奋斗了16年的金山2007年在香港上市时市值不过6.26亿港元。有人做过比较，估值过10亿美元，谷歌花了7年，Facebook花了6年，小米科技只用了2年。但是小米的神奇还远不止这些。

据媒体报道，2012年6月，小米从新加坡主权财富基金新加坡政府投资公司和其他投资者手中获得了2.16亿美元的融资，这是小米公司获得的第三轮投资，小米的估值达到40亿美元。据统计，彼时的互联网公司里，新浪市值34亿美元、优酷24亿美元、奇虎360公司20.42亿美元、搜狐15.27亿美元。而手机这个梯队里，HTC100亿美元、诺基亚80亿美元、黑莓50亿美元。也就是说，小米当时估值已是诺基亚的一半，超过新浪、搜狐这两家门户网站，更是奇虎360的两倍。

毫无疑问，小米科技是当时成长速度最快的公司，创业两年，40亿美元估值，小米刷新了中国互联网公司的成长速度。

以互联网的方式做手机有很多未知的风险，雷军的前途也有很多不确定性。但是以小米当时的业绩，无论如何都可以说小米已经取得了巨大的成功。

手机是个公认的夕阳产业（在当时），国外调研公司Asymco有调查数据显示，截至2011年底，苹果和三星两家企业以30%的市场份额瓜分了手机市场95%的利润。到了2012年第一季度，该数字升至99%。这也就是说，手机厂商的日子越来越难熬。小米科技为何要跨界经营手机？

在创办小米科技之前，雷军一直在研究移动互联网，他甚至还身体力行地尝试手机替代PC的可能性。看好移动互联网的发展趋势，得出智能手机将取代PC的战略预期，这才是小米科技跨界经营手机的战略背景。

小米科技做手机并不是将手机作为一个传统行业，而是将其视为将来移动互联网入口载体的新兴产业，这是小米科技的战略起点。正因如此，小米手机也唤醒了很多互联网公司的意识。2011年12月20日，百度携手戴尔发布了百度·易平台的手机即Streak Pro D43。2012年6月，除了盛大的Bambook Phone，奇虎360还相继与华为、阿尔卡特、海尔合作推出了多款智能手机。据说当时的网易也同样表示了跟进的考虑。甚至还传出国外的Facebook正在打造智能手机的消息。一时间，制作智能手机成了互联网行业的行业趋势。

虽然志存高远，但毕竟是跨界经营，手机行业和互联网行业拥有两个完全不同的生态环境。对此，小米科技亦有足够的认识，并采取了相应的策略。在竞争激烈、市场饱和的手机行业，作为一个后来者要想脱颖而出，自然需要一些非常手段。舍弃硬件利润、实施高配低价就是小米手机的撒手锏之一。小米2的配置和三星电子旗下的Galaxy S3和苹果iPhone 5类似，但小米2的最高售价约为370美元，仅为iPhone 5一半。小米1刚推出时定价1999元，有业内人士分析按当时行情，绝无利润。这个定价非常有策略：（1）这是当时智能手机的市场空白，大多上档次的智能手机都在3 000元以上；（2）有市场调查表明，54%的消费者的理想购机价格在1 000~2 000元，24%的消费者的理想购机价格在2 000~3 000元，这样的定价契合了大多数既想使用智能手机又嫌价格太高的客户需求；（3）小米这样的价格区间，令像苹果、三星、HTC这样的大企业不屑与之竞争，同时还封堵了后来者的利润空间。小米科技为了节约自身成本，采用了网络营销的方式。除了运营商定制的手机，所有手机均在线上销售。这样就回避了传统手机行业高昂的渠道成本。这也是小米手机能够实施高配低价的坚实的物质基础。

小米科技除了小米手机，还有MIUI（米柚）、小米周边以及小米品牌所衍生的生态链等，这些颇具匠心的米系列吸引和培育了大量的发烧友米粉，这是小米科技最大的竞争优势。简单地说，小米科技既做硬件，又做软件，还提供移动互联网服务。这在当时，对于单纯的手机硬件厂商或者单纯的软件开发商来说，很具有复合的竞争优势。而对于后期的模仿者，小米又具有先发的优势。

随着小米的成功，小米科技引起了越来越多人的兴趣。既然小米科技是着眼于未来，采用了高配低价，硬件上无甚利润，那么小米靠什么发展？小米的盈利模式是怎么样的？无论是雷军本人、还是小米科技都没有给出正面答案。但是这不妨碍我们根据公开的资料分析小米的盈利模式：

1.硬件利润。小米的高配低价在其他手机厂商做起来可能就没有利润，但是在小米却会产生利润，因为小米没有渠道成本。事实上，随着小米产能的迅速扩大，成本的降低，其手机已经进入盈利区。从小米科技2012财年公布的出货量和营收来看，其利润已经达到2亿美元，净利润率已在10%左右。

2.周边产品的利润。销售手机周边产品的利润，小到耳塞，大到视频车、音箱，乃至后来涵盖到服装、鞋包、日用百货等，这些为喜爱小米的人准备的产品，也在逐渐为小米科技带来新的利润。而这些产品的利润率可远高于手机。

3.以终端设备（小米手机）来承载自己的服务。在软件方面，雷军将小米手机的营销与其所投资的产业进行了有效的结合，包括金山、凡客及UCweb等。在小米手机预装软件的清单中可以看到金山词霸、多看、米聊、凡客、乐淘、WPS等多款雷军系公司的软件。这些软件在为用户提供服务的同时，也都成了小米手机长期持续的盈利点。尽管这些早期尚不能成为利润的主流，但是随着移动互联网应用的深入，这些应用将越来越丰富，也会越来越深入。

4.利用庞大的客户群谋划未来的发展。小米科技通过互联网积累了大量的"米粉"，将产品网站作为与米粉们互动、交流的"阵地"，使米粉们参与到产品的设计之中，从米粉们的用户体验中快速了解一线"情报"，从而有利于不断改善产品的用户体验。与其他的智能手机公司不同，小米甚至允许用户定制自己的操作系统。这样的运作方式使得小米科技摆脱了传统手机公司的局限，能够通过小米手机、MIUI操作系统而锁定一大批米粉，从而成为将来移动互联网的忠实客户，正如传统互联网的QQ用户一样。

5.作为硬件公司配合雷军系布局未来移动互联网。雷军做天使投资的时候，投资过很多成功的企业。比如说凡客诚品、乐淘、UCweb、拉卡拉、雷锋网、多玩等。小米手机可以和这些雷军系公司整合，共同搭建一个基于移动互联网的小米移动生态。

小米科技在创立之初，其实有两样非常短缺的东西。第一是资金，小米的第一轮融资只有4 100万美元，这点钱做智能手机是很难达到规模的，况且还是跨界经营、从零做起。所以在很长时间里，雷军非常担心成品率、每三个月的销售量，因为任何一个环节出现问题，都有可能使小米资金链断裂、中途夭折。第二是客户，小米手机也罢，MIUI也好，这些对于小米科技来说，都只是平台和手段，小米科技的核心目标是建立未来移动互联网的客户群。这对于初创时期的小米来说，仍然是零的起步。米聊是小米科技开发的非常不错的一款产品，短时间内吸引了大量的客户。

创业之初的小米无论是从资金的角度，还是行业背景的角度，都并没有雄厚的实力和太多的资源。说是穷人闹革命也不过分，不错的米聊被微信秒杀后，充其量也不过是穷人手里的一杆步枪。相比之下，中国物业管理企业既不缺资金，也不缺客户资源，真有点坦克加大炮的意思。如果说两者有何相同之处的话，那就是主营利润都很微薄，只不过前者是着眼未来、主动放弃，后者是呼天抢地、被迫失去。

小米加步枪，穷人闹革命，创造了"互联网手机"的传奇。小米的跨界经营并不是中国物业管理企业的"多种经营"，也不是"资产管理"，而是着眼于行业未来发展方向的提前布局。"互联网手机"也不是噱头，而是对手机行业的颠覆式经营。

（本文发表于《住宅与房地产》2013年02期，文章名为"小米加步枪的商业逻辑"，于2021年5月编辑整理）

后记

根据小米集团2020年的年报，小米2020年实现营业收入2 458.65亿元，比上年增长19%。其中智能手机业务1 521.91亿元，比上年增长25%，见表1-5。小米无疑已成功崛起。但是，当年跟随小米，也用互联网做手机的那些大佬都早已烟消云散，成为过眼烟云。

表1-5　小米集团2020年营业收入

	金额（亿元）	结构
智能手机	1 521.91	61.90%
IoT与生活消费产品	674.11	27.42%
互联网服务	237.55	9.66%
其他	25.09	1.02%
合计	2 458.66	100%

> 越是企业高层管理者，越是需要开阔的思维、胸怀与眼界。
>
> 这决定了企业领导人是否能以客观、理性的态度做出决策和判断。

从发展中逆袭，物业管理企业需要的是变革的勇气和决心

秦献公名连，是秦灵公的儿子。公元前385年，连武力夺取政权，随后开始了秦国的改革大业。史书记载，"献公元年，止从死（取消人殉）"、即位第二年"城栎阳（迁都栎阳）"、献公七年"初行为市"、献公十年"为户籍相伍"。"户籍相伍"是一项把土地制度、户籍制度和军赋制度紧密结合起来的措施，为后来的商鞅变法创造了条件。

除了果决的政治举措，秦献公更是一位马背上的国王，公元前364年，石门大捷，"斩首六万"。公元前362年，少梁之战，俘获魏国丞相公叔痤。秦献公的这些政治、军事、经济上的成就，小说、电视里并没有太多介绍，但史书中有很多记载，奠定了其应有的历史地位。历史剧《大秦帝国》对其选择接班人就有详细描述。

少梁之战后，秦献公身中毒箭，深知将不久于人世。对于他来说，最迫切的就是要选定身后的接班人，以带领彼时风雨飘摇、内外交困的秦国走出困境。他有两个选择。一个是长子嬴虔，威猛勇敢，屡立战功，深孚众望。另一个是次子嬴渠梁，虽有才华，但政见与其不合，甚至在少梁战役期间公然与其争执。长子嬴虔，除了庶出身份外，几乎都符合继位的条件。他的脾气、秉性也更像秦献公。在旁人看来，这样二选一的决定似乎并不难！

但是秦献公却在犹豫，在他作出决定之前，他把两个儿子都安排在都城之外，或练兵，或安民，各得其所，却又远离是非中心。所有人心中都很清楚，此时秦献公正在选择接班人。不进都城，既避免了候选人活动对决策人的影响，也减少了候选人的拥趸对候选人的不良影响。这是明智的第一步！接下来秦献公广泛征求各层次意见，上至庙堂重臣，如甘龙，下至基层老兵；对内听取王后，还有家臣黑伯的意见……甚至两个候选人的意见也成为其重要的参考。但是别人的意见仅仅是参考，尽管支持嬴虔的人明显占上风，秦献公最终心中还是有了自己的决断，他选择了嬴渠梁！因为他要选择一个能够带领秦国走向富强的接班人，而不是选一个自己的影子。如果说秦献公第一步是排除干扰、考察候选，那么第二步就是广求意见、善听独断。接下来第三步秦献公更加展示了他的政治智慧和技巧。他非常清楚，选择嬴渠梁的政治风险要远大于选择嬴虔，因为嬴虔掌握军权，他是很多部族心目中的接班人选。而嬴渠梁休战的政治主张有很大的国内阻力，也是很多部族反对他的原因。所以秦献公有了决断后，作了周详的安排。尽管他非常了解公子嬴虔，嬴虔对其也是非常敬重，但是他还是不为自己主观认识所扰，对其进行了客观测试。在确定其不会反对嬴渠梁继位后，仍逼其断指血书，以作为一项制度上的保障和安排。如果嬴虔此时有任何异心，都可能被秦献公诛之，以绝后患。这充分显示出秦献公客观、冷静、理智、细致的特点，完全不似一个执戈天下的马背国王。在排除了嬴虔的问题后，他接着任命其为左庶长，执掌重权辅佐嬴渠梁继位。周详安排、辅佐继位，这是秦献公的第三步。

秦献公精心三步，嬴渠梁顺利继位，终于成就了历史上的秦孝公。难怪史书对我们比较陌生的秦献公评价甚高。不选择和自己更投缘的嬴虔，而选择有远见卓识的嬴渠梁，尽管后者还显稚嫩，甚至还是对自己过往的否定，除了过人的心胸，还需要过人的胆识和勇气。

澳大利亚女首富、矿业巨头吉娜·莱因哈特（Gina Rinehart）是澳大利亚已故矿业巨子朗·汉考克唯一的女儿。汉考克家族的信托基金是由朗·汉考克为女儿及女儿的四个子女所立，写明到莱因哈特最小的女儿吉尼亚（Ginia）2011年9月6日满25岁时便可分家。目前这笔基金总额已经高达26亿英镑。然而莱因哈特以增值税会令子女破产为名，将分产的日期改为2068年，此举引起了除小女儿之外的其他三名子女的不满，最终提起了诉讼。

这种局面不能不说和汉考克留下的不完善的继承方案是有关的。事实上，在他1992年死后，莱因哈特和她继母打了多年的官司，才完全掌握了家族产业。这一切都足以说明朗·汉考克的选择是不成功的。为争夺26亿英镑资产管理权而对簿公堂，伤害的也绝不仅仅是亲情。涉及26亿英镑巨额资产的分配，怎能不涉及公利？怎么会不涉及公义？因此法庭也当然拒绝了莱因哈特关于此案的听证会闭门进行的要求。

朗·汉考克对自己身后的产业未做很好的安排，导致女儿莱因哈特与其继母打了14年的官司。但是他对自己的子女并非毫无尽责之心，他为他们安排了家族信托基金，却由于考虑不周，让自己的子女因此对簿公堂。和秦献公相比，汉考克缺乏的是智慧和眼光。

秦献公的成功非常值得现代人借鉴，其2400年前的智慧仍然在很多地方给今天的物业管理行业以启发。

一、长远的目标

秦国长远的发展目标就是要富强，但是贫穷的秦国内忧外患。外，山东诸国环伺，意图分秦；内，多年的战争已使经济和民生难以为继，奴隶主们为了自己的利益仍力主对外战争。他不仅仅是要找个继任者，而是着眼于秦国长远的发展。和嬴虔相比，嬴渠梁更有可能带领秦国走向富强。当下物业管理行业的发展也遇到了前所未有的"瓶颈"，业内的企业是否有长远的发展目标和发展方向呢？

二、自我否定的勇气

秦献公在和赢渠梁的争执中，逐渐意识到"休战"的主张是正确的。他多年来的对外征战虽然也达到了一定的政治目的，转移了国内的矛盾，满足了奴隶主的需求，却也使得国家经济到了崩溃的边缘。接受赢渠梁的主张就是对自身过往的否定，至少是部分否定。这种自我否定是痛苦的，却是重要的！这种痛苦方太公司创始人茅理翔也经历过。他十年创业，单打独拼，把一个濒临倒闭的镇办工厂发展成世界最大的点火枪生产基地。但是他的儿子茅忠群不仅决定转产抽油烟机，还请香港著名烹饪节目主持人方太做广告。甚至将承载了茅理翔创业艰辛、具有纪念意义的公司名称"飞翔"改为"方太"。这些都是茅理翔无论从感情上还是理念上难以接受的。但是在痛苦思索之后，他还是选定了儿子做继承人，并放手让他去做。结果，"方太"成功了！将自己的基业传给自己的后人或许并不是我们想象中那么简单和容易，方太的成功就是茅理翔理性选择的成功。

当下物业管理行业、行业内的企业也非常需要这种自我否定，只有自我否定才能走向新生。自我否定并不是抹杀过去的成绩，只是在新的历史条件下寻找新的发展方式。行业发展30年，成绩有目共睹，但更重要的是行业旧的发展方式到今天已经难以持续，企业的盈利模式和发展模式需要创新。

三、基因变革的决心

秦献公如果选择赢虔，秦国未必不会变法，秦国未必不会改革。但是这种变革和秦孝公领导下的商鞅变法一定有着本质上的区别。尾随山东六国亦步亦趋的变革一定改变不了秦国的现状，因为秦国是贫穷之国、落后之国。秦国需要的是基因突变式的变革，只有选择赢渠梁——和秦献公完全不同的赢渠梁，这一切才会成为可能。当下，成长中的物业管理行业管理水平落后，也需要基因突变式的变革。而不是业内所谓的创新。将"物业管理"改为"物业服务"这不是创新，将"保安员"改为"秩序员"这也不是创新,将"餐厅"称为"食堂"仍然不是创新……这些"创新"也一定改变不了行业和企业的现状。行业需要的是基因突变式的变革,是颠覆现有规则、理念、商业模式的变革。

我们或许没有秦献公的智慧和眼光,但是我们至少应有秦献公的勇气和心胸,这是我们可以做到的。秦献公的选择就是历史的选择,是被历史淘汰,还是驾驭历史的潮流,秦献公给了我们启示。

(本文发表于《住宅与房地产》2013年01期,文章名为"秦献公的选择",于2021年5月编辑整理)

后记

企业的发展战略简单地说,就是确定企业未来的发展方向,并为此提前布局和谋划。方向错误是致命的,往往越是大企业越承受不了方向错误。此所谓"一招不慎,满盘皆输"。而基于未来的不确定性,企业发展方向和战略确定很多时候有赖于决策者的主观决断。决策者主观决断的正确与否,取决于其对市场的洞察力和对未来的预见能力,而这种能力的培养要靠长期对市场及相关的环境的观察和思考,并不完全是天赋。此所谓功夫在诗外。

第二章

物业管理者投资并购应有的财务思维

- 财务思维,是企业管理者用以考量、评估、决策的重要思维方式。
- 经营一家物业管理企业,业务思维决定起步,财务思维则决定长远。
- 物业管理者要学会跳出业务看经营,跳出经营看发展。

> 创新不是盲目跟风,更不是制造噱头。透过财务数据分析,更能准确透视事物的本质。

新经济需要新服务,新服务呼唤新物业

2019年1月21日,国家统计局发布公告:初步核算,2018年国内生产总值900 309亿元,按可比价格计算,比上年增长6.6%,实现了6.5%左右的预期发展目标。分季度看,一季度同比增长6.8%,二季度增长6.7%,三季度增长6.5%,四季度增长6.4%。分产业看,第一产业增加值64 734亿元,比上年增长3.5%;第二产业增加值366 001亿元,增长5.8%;第三产业增加值469 575亿元,增长7.6%。相比2018年初公布的全年国内生产总值827 122亿元,高出7万多亿元。

事实上,早在2018年年初,国家统计局公布**中国GDP首次超越80万亿元**,就引起了全世界的关注,这是2011年以来首次增长提速。**充分说明中国经济已经进入L型筑底,未来增长可以预期**。这一"成绩单"超越预期,且含金量甚高。在当前世界经济复苏过程中表现突出。据世界银行数据测算,2012至2016年主要国家和地区对世界经济增长贡献率,美国为10%,欧盟为8%,日本为2%,中国达34%,超过美、欧、日贡献之和。

中国经济缘何可以取得反转?在人口红利消失、刘易斯拐点到来、世界金融危机以及自身经济结构性矛盾的多重叠加下,摆脱经济下滑绝非易事,更何况还要面对复杂的国际局势。"**中国经济找到新的动力**"是德国财经网的说法。德国财经网称中国2017年GDP数字显示,中国经济转型已经从"波动期"进入"稳定增长

期"。北京的秘诀,一是推动私人消费;二是推动工业科技化,近年来涌现出一大批有世界影响力的科技企业;三是对基础产业进行改革,减少债务等。

无论上述说法是否准确,但是"新动力"无疑是中国经济增长的新的来源。从国家统计局的公告中可以得知,2018年第三产业即服务业增加值469 575亿元,占全国GDP比重为52.16%;服务业增加值比上年增长7.6%,比国内生产总值和第二产业增加值增速分别高出1和1.8个百分点。虽然说第三产业已经数年领跑中国GDP,但是从2017年开始就呈现出了新的特点。根据国家统计局公布数据,2017年,以互联网和相关服务为代表的现代新兴服务业增速明显快于传统服务业,对服务业生产指数的贡献逐季增强,四个季度对总指数的累计贡献分别为34.4%、36.6%、38.3%和40.2%,拉动服务业增长分别为2.8、3.0、3.2和3.3个百分点。信息传输、软件和信息技术服务业,租赁和商务服务业,科学研究和技术服务业三大门类增加值占第三产业的比重达到15.4%,较上年提高0.8个百分点;占GDP比重达到8.0%,较上年提高0.5个百分点;对国民经济增长的贡献率达到17.2%,拉动全国GDP增长1.2个百分点,成为我国经济增长新动力。中国新的服务业产品引领中国创造。被外媒点赞的中国"新四大发明",即高铁、支付宝、共享单车和网购,也都属于服务业或与服务业密切相关。

2017年,第二产业即工业生产的增长除了受益于结构调整外,也得益于新兴产品的发展。2017年,工业战略性新兴产业增加值比上年增长11%,增速较上年提高0.5个百分点,高于规模以上工业4.4个百分点。其中一季度、二季度、三季度、四季度分别增长10.3%、11.1%、11.8%和11.1%,增速均高于同期规模以上工业。工业机器人、民用无人机、新能源汽车、城市轨道车辆、锂离子电池、太阳能电池等新兴工业产品产量分别增长68.1%、67%、51.1%、40.1%、31.3%、30.6%,呈现高速增长态势。

正因为中国经济增长得益于新动力——新服务、新工业,而不是大水漫灌后的规模扩张，这个6.9%被外界普遍认为有"含金量"。中国新经济值得期待！新服务中的现代新兴服务业按照国家统计局的口径包括仓储业，邮政业，电信、广播电视和卫星传输服务，互联网和相关服务，软件和信息技术服务业，租赁业，商务服务业，研究和试验发展，专业技术服务业，科技推广和应用服务业等10个行业大类。显然并不包括房地产业（含物业管理），这是件遗憾的事。遗憾的并不是分类，遗憾的是包括物业管理在内的房地产行业并没有呈现出明显的新动力。最近几年，无论是房地产开发，还是物业管理行业其实也是颇为热闹的，跨界、上市、并购、互联网……好不热闹！可是热闹之后的成果怎样呢？

物业管理行业这几年上市、挂牌的企业越来越多，也吸引了很多资本介入，从而对行业的格局形成了一定的影响。与此同时，在"互联网+"的市场氛围中，有很多物业公司也试图在O2O业务中寻找新的业务发展方向。上市了，资本介入了，收购兼并越来越多，行业的集中度提高了，也就是说有些物业公司在短期内规模迅速增大了，然后呢？我们不妨看一家具体上市公司的情况。

中奥到家（1538HK）于2015年11月在香港交易所上市，上市后公司规模迅速扩大，年营业收入由2014年的3.6亿增长至2016年的6.4亿元，2017年半年就达到4.7亿元（见表2-1）。营业规模增长迅速，上市3年，营业收入增长了约160%，复合增长率高达38%。

表2-1　中奥到家2014—2017年营业收入变化趋势

年份	2017年中	2016年	2015年	2014年
收入（万元）	47 554.30	63 514.60	42 015.50	36 120.20

*根据中奥到家年报数据整理。

除此之外呢？规模带来了效率的提高吗？和嘉御基金一起着力打造的O2O业务又如何呢？中奥到家于2015年6月推出爱到家社

区O2O平台，2015年经营收入198.2万元，亏损805万元，2016年亏损更高达5 000多万元，拖累中奥到家全年亏损335万元，使得上市公司股价遭受重挫，见表2-2。好在中奥到家2017年对该业务进行了收缩与调整，避免了财务状况持续恶化。

表2-2　中奥到家O2O业务经营情况

	收入结构	2017年中	2016年	2015年
O2O	收入（万元）	28.80	826.40	198.20
	经营业绩（万元）	-389.60	-5 027.40	-805.30

根据中奥到家年报数据整理。

除了O2O业务之外的物业管理业务会不会因为规模扩大带来什么变化呢？我们可以把中奥到家年报中的数据剔除O2O数据进行分析，如表2-3所示。

表2-3　中奥到家2015-2017年毛利率分析

	收入结构	2017年中	2016年	2015年
物业管理	收入（万元）	47 525.50	62 688.20	41 817.30
	经营业绩（万元）	8 768.50	13 353.50	11 651.40
	比率	18.45%	21.30%	27.86%
O2O	收入（万元）	28.80	826.40	198.20
	经营业绩（万元）	-389.60	-5 027.40	-805.30
合计	收入（万元）	47 554.30	63 514.60	42 015.50
	经营业绩（万元）	8 378.90	8 326.10	10 846.10

根据中奥到家年报数据整理。

从表2-3中可以看出，剔除O2O业务的物业管理业务经营业绩占营业收入的比率呈逐年下降趋势，由2015年的27.86%下降到2017年中的18.45%，显示出随着规模的高速增长，盈利能力逐年下滑，且趋势明显。经营业绩的下降可能和成本的上涨有关，业务效率有没有提高呢？

从表2-4中可以看出，中奥到家的人均收入亦呈下降趋势，规模带来的效率提高哪怕仅是业务效率的提高，我们也未曾看到。中奥到家带来的也许仅仅是规模的扩张。

表2-4 中奥到家2014-2016年人均营业收入

	2016年	2015年	2014年
收入（万元）	63 514.60	42 015.50	36 120.20
集团雇员（人）	6700	1488	821
人均收入（万元/人）	9.48	28.24	44.00

根据中奥到家年报数据整理。

中奥到家仅仅是物业管理行业的个例吗？自2013年以来就不断有物业管理企业声称重点发展O2O业务，可是至今尚未看到一例有确凿数据证明成功的案例，相信中奥到家绝非个例。至于规模并没带来实质业务效率乃至效益的提升，这在上市公司及新三板中则是常见的。没有新业务的方向，没有基础业务的提升，有的只是规模扩展和跑马圈地，即取得对未来市场的垄断地位，这未必是市场所需。更何况没有效率的规模本身也是大而不强的物业公司的负担，市场需要的是真正能代表未来发展方向的新兴的物业管理服务。

（本文发表于《住宅与房地产》2018年02期，文章名为"新经济需要新服务，新服务呼唤新物业"，于2021年5月编辑整理）

第二章 物业管理者投资并购应有的财务思维

> **后记**
>
> 新物业不是一个口号，更不是一个噱头，甚至也不一定是一个新的形式，重要的是能给客户和市场带来新的价值。新物业方向在哪里？能不能去做？这需要宏观和微观的数据分析支持。新物业有没有落地，更需要数据特别是财务数据的背书。物业管理行业有没有前途？有没有发展潜力？这两个基本的问题在看了上文中的数据后，已是不言而喻。但是就企业个体而言，或许还有另外一个疑问，投资并购能成为物业管理企业发展的主要方式吗？

> 企业管理者需要培养独立思考的能力,就需要不断提升财务思维的水平,才能更好地观察市场演变的趋势与背后的逻辑。

行业并购背后的逻辑与思考

1979年,德国大众在中国开办了第一家合资经营企业——上海大众汽车公司。中国汽车行业通常把这作为中国汽车工业大发展的起点,是零的起步。因为1978年,全国生产的所有汽车只有14万辆,还不如一家大型国际汽车厂商的年产量,中国汽车市场份额只占到全世界市场的3.5‰,更遑论其时落后的生产技术和管理水平。2011年,中国汽车产量为1 842万辆,连续3年位列世界第一,而且超过排名第二的美国一倍以上。1978年起步时中国的汽车年产值约为60亿元,而今已经超过20 000亿元,价值的增长超过数量的增长,2011年整车出口更是近85万辆。中国汽车工业已经成为世界汽车工业的重要组成部分。

在上海大众宣告成立的3年后,中国第一家物业管理公司也在深圳成立。中国物业管理行业正式起步,同样经过了30年的发展,中国物业管理行业也取得了很大的进步。截止到2008年,物业管理企业近6万家,从业人员250万人,年收入达2 077亿元。但相较之下,中国物业管理行业的发展远远落后于中国汽车工业的发展。这当然不是因为起步晚了3年。

中国物业管理行业与中国汽车制造行业有很多的差别,汽车制造属于技术密集型、资金密集型行业,在发展初期由于中国经济落后,对于汽车行业来说,技术和资金都非常匮乏,其发展难度远超物业管理行业。相反,中国物业管理行业依托中国房地产行业发展的有利因素，取得了自然的高速增长。限制中国物业管理行业发展的不利之处在于它不像中国汽车制造行业那样处于一个竞争激烈的完全的市场环境，一个几乎与国际市场同步的市场环境。除此之外，与中国汽车制造业相比，中国物业管理行业还有一个很大的不足。作为一个劳动密集型行业，作为一个依附于房地产开发发展起来的劳动密集型行业，资本能够起到的作用受到了很大的限制。在流动性泛滥多年之后，仍然没有外来资本进入这个行业。这固然使这个行业避免了惨烈的厮杀和竞争，也使这个行业失去了更高的发展速度和发展水平。

1981年3月，深房集团成立了深圳市物业管理有限公司，从那时起就注定了中国物业管理行业建管不分的发展路线图。直到多年之后，才陆续有所谓的市场化物业管理公司出现。2000年成立的开元国际物业、2004年成立的之平管理、2005年成立的公元物业是其中的代表，这些市场化公司的出现曾让人们一度充满了期待，甚至有人欢呼行业的洗牌即将来临。这期间行业的收购也陆续出现。

2007年8月，开元国际物业收购了杭州坤和物业51%的股权，坤和物业拥有国家一级资质，麾下拥有200多万平方米的优质物业项目。《深圳特区报》对此评价"这不仅有利于开元国际在长三角区域的品牌建设与市场开拓，也使开元国际在长三角区域的行业地位显著上升"。

2007年5月，深圳公元物业管理有限公司和广东清远市恒远兆业物业管理公司签订协议，由公元物业全盘收购恒远兆业物业并接管其物业管理项目。公元物业通过此次收购，新增了两个项目和60万平方米的管理面积。

2006年11月10日，深圳长城物业管理股份有限公司以70%的控股权入主福建名城地产旗下的名城物业管理有限公司，一举新增100万平方米的管理面积，并成为福建名城地产的战略合作方。此举不但巩固了长城物业在福州物管市场的地位，更通过并购后的项目运作成为福建龙头物业管理企业。

上述收购行为都曾经被行业关注，甚至给予很高的评价和期待。诸如长城物业收购福州名城物业："开深圳物业管理企业与内地品牌地产商'捆绑式'战略合作之先河""运用资本杠杆开启物管公司几何级发展模式""市场格局将被彻底颠覆"……公元物业收购清远恒远兆业是一种"全新的建管分离模式"，"行业重新洗牌的时代来临"……5年过去了，很遗憾的是人们期待中的行业洗牌并没有出现，甚至收购热潮都没有见到。事实上，关于行业洗牌的断言早已有之。早在2003年9月，重庆金恒物业管理有限公司整体兼并重庆天奇物业管理有限公司，成立了重庆金恒物业管理有限公司北碚天奇分公司。当时的《重庆晚报》对此作出评价："此举开创了我市乃至全国物业管理企业间兼并的先河""预计我市物业管理企业即将开始重新洗牌"。将近10年过去了，行业格局依旧，建管分离的老调已经让业内人士都没兴趣再弹了，不过行业还在延续，收购仍在持续。

2008年6月11日，随着《沈阳市奥体物业管理有限公司股权转让协议》的签约生效，深圳公元物业管理有限公司正式整体收购沈阳奥体物业管理有限公司并接管其物业管理项目。

2009年5月，开元国际物业再次收购了坤和物业剩余的49%股权。

2011年8月，之平管理签约桂林山水凤凰城，成立合资公司，全面接管山水凤凰城旗下物业项目。

2011年11月7日，《东方早报》报道虽然绿城房地产集团有限公司资金"瓶颈"传闻不断，可旗下绿城物业服务集团有限公司却收购了新湖集团旗下的物业服务公司40%的股份。新湖物业更名为新湖绿城物业，由绿城物业操盘，先期服务对象为新湖旗下地产项目。

渐趋增多的收购似乎已引不起业内人士的兴趣，让一向喜欢凑热闹的行业人士淡定了很多，不再动辄断言行业洗牌。如此众多的行业并购让行业热闹了很多,却没有改变行业的格局,甚至物业管理企业的数量也在这10年间增长了几倍。在这一点上,中国汽车制造行业同样热闹:吉利收购沃尔沃、上汽集团收购跃进集团、星马汽车收购华菱汽车……不过结果却颇为不同。2001年中国整车生产企业数量为118家,2010年虽上升为361家,但是前十家企业的产量占据了总产量的82.2%。相反,根据中物协2011年排名统计,中国物业管理企业TOP100管理面积仅占总面积的8.46%,只占总收入的12.9%。两者行业集中度可谓天壤之别!

物业管理企业实施收购通常有两个目的,一是被收购方的项目,另一个就是被收购方的资质。而这些都是战术层面的,行业里真正着眼于战略实施的收购很少。因为既有正确的企业战略,又有能力将企业战略层层落实的物业管理企业鲜见。更何况行业的主体依然是房地产开发商所属的物业管理公司,他们并没有变革的动力。在最新的物业管理企业综合实力排名中,排名前十的除了长城物业集团是股份制公司外(可以看作市场化公司),其他全是此类公司。这就是收购虽多却对行业影响甚小的原因所在。目前行业的并购还处于较低层次和较低级别。

2011年8月25日,深圳世联地产顾问股份有限公司公告称,为实现公司房地产综合服务商的战略定位,延展客户服务范围,增强公司长期竞争力,公司用2 100万元收购了青岛雅园物业管理有限公司60%的股权。2011年10月该公司更名为世联雅园物业管理有限公司。

2011年12月5日上午8点,戴德梁行控股公司在伦敦证交所被正式除牌,这家起源可以追溯到1784年的房地产服务公司,就此结束了长达24年的上市公司之旅。戴德梁行现有业务已被澳大利亚公司UGL悉数收购,作价7 750万英镑。包括大中华区在内的戴德梁行全部子公司将照常运营。

2011年年末的这两次收购和之前的收购有着太多的不同,世联地产虽然也同属于房地产的上下游产业,但是单独投资物业管理行业的外来资本毕竟少见。戴德梁行被收购更是提醒了我们，在中国，物业管理行业实行"拿来主义"，照搬照学外资的经验，其作用是非常有限的，其前途也是渺茫的。中国物业管理行业的发展一定需要创造性的实践。戴德梁行的商业模式在中国有很大的局限性，至少中国物业管理企业就不应普遍将"房地产综合服务商"作为自己的战略定位，从长远来说这是方向性错误。建管不分并不完全源于物业管理企业的出身，更源于物业管理企业这种错误的战略定位。

不管怎么说，行业的并购已经伸出了水面，我们期待着更多、更强的外来资本能够搅动这摊池水，改变行业的格局。

（本文发表于《住宅与房地产》2012年07期，文章名为"行业并购才露尖尖角"，于2021年5月编辑整理）

后记

上文中提到的行业并购案例，在今天看来都是小儿科，也并没有对市场和行业的发展起到很大的影响。尽管如此，我们还是从中发现了市场的需求和自身的演变逻辑。因此断言推动行业变革和行业变化的动力来自外部资本，这比市场的实践大约提前了5年。

这原本是属于战略层面的内容，笔者将其放到这个章节，是因为并购过程中财务因素至关重要。而很多行业并购恰恰缺乏足够的财务考量，或者财务策略不正确、不专业，不能不说上述案例不够成功也与此有关。

> 物业管理企业并购完成，面临着管理系统的融合、企业文化的融合，最终产生财务管理的融合。

物业管理企业并购扩张需关注的要点

　　大多数物业管理企业规模扩张的动力来自上市。截至2019年7月31日，物业公司登陆A股市场的有1家，登陆港股市场的有14家，挂牌新三板的有80余家。上市赋予了物业管理企业发展的想象力，同时也带来了压力。

　　资本市场不仅是鲜花和掌声。资本市场对企业的业绩表现要求更高、更快、更多。而上市则对企业的规模以及成长性有着明确的要求。这就是很多物业管理企业通过兼并收购快速扩大规模，冲刺上市，在实现上市之后，又将融资款项继续投入兼并、收购，抢占市场份额的内在驱动力。根据克而瑞统计，截至2018年年末，13家H股上市物业公司的总合约面积规模已超过20亿平方米，同比增长超过40%；在管面积规模超10亿平方米，同比增长超过30%，两者对比可以发现物业公司仍有大量的储备面积可以转化为在管面积。

　　当前的A股及港股市场中，超过半数的物业管理企业隶属于房地产开发企业旗下。跟着房企的步伐，规模扩张的速度相对稳健。但物业管理企业想要迅速做强、做大，兼并与收购仍是目前的主流。

一、并购并不都是成功的

　　2018年，海航控股发布了一份补充提示性公告，公告显示，公司在10月12日召开的2018年第七次临时股东大会上，关于海航控股拟以约13亿元将北京海航大厦转让予万科议案的表决结果为反对票占比93%，同意票仅占比7%。由于超9成的反对票数而未获股东大会通过。导致万科收购海航未果。

即使是如万科这样有品牌影响力的企业，由于双方对成交价的预期差距过大，收购也遭遇碰壁。事实上，很多企业在并购的过程，都会遇到此类问题，如何合理定价，如何进行价格谈判，是决定并购成功的关键因素。

2017年底，中航地产公告称将以10.64亿元的总价将旗下中航城置业（上海）有限公司100%股权转让给深圳市卓越不动产投资有限公司。然而，2018年3月，中航地产一份《2017年度业绩预告修正公告》使得"卖子"计划破灭。该公告显示，由于上海中航城股权变更登记手续未能如约完成，故中航地产2017年归母净利润修正为同比下降0%~16.35%。有地产业内人士表示，中航地产当前致力于聚焦物业资产管理服务，但其逻辑与市场上做得较好的物业公司截然不同。且中航地产物业管理业务的毛利率刚及行业平均水平的一半。

即便并购双方在成交价上达成了一致，也可能由于企业自身的经营情况不理想，而导致并购失败。

现实中，很多物业管理企业为了完成扩张的目标，对并购标的、目标尽职调查及价格评估并不严谨。在初期，甚至只要对方肯卖，象征性地走个流程就完成了收购。这样收购的项目往往隐藏着风险。

例如，收购了劣质项目，虽然规模与营收看似增长，但利润却出现下降。这类不良资产一旦积少成多，就会成为企业的包袱。从一些上市物业管理企业的年报中能充分看出这一点。尽管一些上市物业公司的财报中看似利润取得增长，然而仔细研究数据，就会发现实现增长的并非物业管理的基础收入，物业管理基础业务的利润与营收的增长比例相差甚远。要提高收购项目的质量，完善的制度流程、专业的尽职调查与价格评估是十分必要的。

二、通过并购实现几何式增长

实现规模扩张的方式有很多。除了兼并、收购，市场拓展、多元投资也是扩张规模的途径。选择并购的方式更容易快速实现几何式增长。要使并购的决策行为更科学、更专业离不开企业财务系统的专业支持。

第一，确定并购目标，企业必须了解什么样的企业或项目才是公司并购的标的。既不能盲目吞象，也不能收购劣质鱼虾。这就需要企业评估自身的业务特点、管理特性、资金状况与发展目标等综合因素，制定并购的标准。即符合什么样条件的企业或项目是并购的目标。从什么样的渠道找到这些目标。

第二，对目标开展尽职调查，为评估目标公司或项目的价值收集必要的信息，需要了解目标公司的基本背景、股权结构、组织架构、资产情况、财务报表、重大合同与法律相关信息等。还包括企业近期重大的经营决策行为。

第三，根据并购标准选择合适的并购方法。并购有多种类型，包括横向并购、纵向并购、混合并购、生态链并购、买壳与借壳、对赌协议等。企业需要结合自身的条件、规模扩张的目的与要求以及对目标制定的并购标准，选择合适的并购方法。

第四，判断并购目标的价值。这也是决定并购成功的关键因素。如何给并购的目标合理定价。通常根据并购意图采用相应的定价方法。

- 判断目标公司当前的盈利能力：PE估值及实操用法。
- 判断目标公司未来的盈利能力：PEG估值及实操用法。
- 判断目标公司未来的发展潜力：PS估值及实操用法。
- 判断目标公司在同行业中的价值：可比公司法及实操用法。

- 面对多个并购目标时：可比交易法及实操用法。
- 判断目标公司未来的升值空间：PB估值及实操用法。
- 判断目标公司未来的经营价值：净现金流折现及实操用法。

这要求企业的财务人员具备较高的专业水平，能够为并购决策者提供准确的分析与判断。

第五，价格谈判。很多企业有专门成立的负责收并购工作的部门。业内有些物业公司，通常就是由专业部门负责对接，通过外部审计公司进行审计，然后定价、洽谈。整体流程看似没有问题，其实却不够严谨，缺乏对目标公司的深入调研与了解，甚至审计报告中的数据口径也存在很多问题。特别是对金额较大的收购项目，财务审计工作的准确程度直接影响成交定价。价格谈判建立在合理定价的基础上才能够有理有据。

第六，并购交易。在并购交易的过程中，企业需要结合企业自身的资金状况，确定并购的支付方式以及并购目标的交付方式。最终完成并购。

第七，并购的风险。即使是在做好充分尽职调查的前提下，企业仍可能面临并购风险，诸如并购失败或并购成本出现偏差等。因此，企业需要提前作好风险的应对。事实上，并购的风险更多是在并购结束之后。

三、完成并购也仅是开始

即使顺利完成并购，对于企业而言，也并非结束，而只是一个开始。企业并购完成，面临着管理系统的融合、企业文化的融合，更重要的是财务管理的融合。财务管理的融合，包括股权设计、管理架构、内控体系、成本与预算的管控，以及合并后整体的税务筹划，包括对上市或资本市场运作的整体筹划。增长业绩，不仅是靠汇总一些数据与报表。通过管理手段与资源整合，将收购项目的价值放大，更能实现并购的价值。更重要的是，通过管理融合、整体筹划，规避企业在并购完成后的各类风险。财税风险，往往是企业并购完成后首要解决的问题。有人说，大多数的并购都是失败的。这种失败其实就是出现在并购后的融合环节。

（本文发表于《深圳物业管理》2019年09期，文章名为"企业规模扩张下的财务思考"，于2021年5月编辑整理）

后记

上文是关于并购的一般过程和需关注的概括要点，实施并购的双方都应该关注这些要点：（1）并购能实现几何式增长；（2）并购亦有失败的风险；（3）并购的一般过程；（4）并购的重点是投后管理，即并购后的融合。

> 越是趋之若鹜的投资项目，越是要谨慎。越是看上去有吸引力的机遇，越是要冷静。投资需要理性，管理需要专业。

规模竞争下的物业管理行业，投资需要更谨慎

在房地产开发企业格局分化、争相转型的影响下，物业管理企业也面临分化与转型，向规模化、多元化的方向发展。为了达到扩张规模的目的，物业管理企业除加大市场拓展力度之外，还积极通过并购完善布局、发展规模。追求规模化与多元化的业务发展已经成为物业管理企业现阶段的重要发展目标。

相对于物业管理传统的基础业务，无论是并购还是涉足多元化领域，都涉及财务思维——投资管理，而这并不仅是商业思维的转变。目前，很多物业管理企业都在通过并购，合资合作，甚至以品牌授权、加盟的方式来快速扩大规模，但对如何保障快速扩张之下的服务品质、如何进行文化与资源的整合却缺乏足够的思考，而在并购的决策过程中也只是注重管理面积、年营业收入等显性的数字指标，缺乏对收购标的进行专业评估与决策审批的专业流程。企业在并购的行为中，缺少优化资源配置、增加优质资产的投资意识。

这是个真实案例，LK公司是一家发展了16年的物业管理企业，业务遍布30多个城市，除主营业务物业管理以外，还相继发展了酒店、工程、养老等相关产业。2012年，LK公司在山东某市收购了一家C物业公司，C物业公司隶属于当地一家房地产开发商B公司，其在管项目类型主要包括B公司开发建设的住宅以及部分外接的住宅项目。LK在评估其在管项目面积、年营业收入及C物业公司在当地的业务资源等情况后，便作出了投资决策。整个投资逻辑如下：

在管面积：50万平方米。
平均收费单价：1.50元/平方米。
收缴率：85%。
预期利润率：8%。
预期年利润：60万。
以3年为预期经营周期，预期利润180万元。

最终LK公司投资180万元控股C物业公司。除此之外，LK公司也期望未来两年内在C物业公司所在区域新增（包括续约合作）数个项目。然而，事实却出乎意料。由于房地产市场的变化，加之B公司自身资金链十分紧张几近断裂，导致计划新开发建设的项目停滞，在建项目也一再拖延工期无法按期交付。C物业公司在并购后并未有效植入LK公司的管理体系，其管理服务品质并未得到提升，其外接项目合约到期，未能续签。这不仅影响了LK公司对C物业公司的预期收益，也影响了LK公司自身的品牌形象。

C物业公司几个在管的住宅项目虽然规模较大，但管理费标准却比较低，而由于管理品质及开发商的一些遗留问题导致项目的收缴率也一直很低，未能实现LK公司预期收入。原本LK公司是期望通过此次收购，进一步提高市场占有率，但由于缺乏对C物业公司及其上级公司B公司的全面、系统、专业的调研与评估，看起来其规模迅速增加了，但实际上并未顺利达成投资目标，甚至成为负担。类似C物业公司的项目如果并购过多，短期内影响的或许仅仅是利润目标，但长期来看，未来甚至可能会成为LK公司的负累。

并购是企业投资管理中的一项重要内容，必须运用专业的财务知识、科学的评估与专业的决策才能够在控制风险的情况下，实现预期的投资收益。投资多元化的业务领域也是同理。

近几年电商崛起、O2O商业模式备受追捧，这些新鲜的词汇也仿佛令不少物业管理企业看到了新的商机。彩生活、长城、万科、招商等物业管理企业相继拓展多元化的经营业务。拓展围绕业主衣、食、住、行的社区商业，房屋租售，酒店经营，养老服务等被行业统称为"多种经营"的业务领域，以此来应对成本上涨，弥补物业管理主营业务收入的不足。据统计，2017年中国物业服务百强企业营收均值达到7.42亿元，多种经营收入均值达13506.21万元，业绩贡献度为18.20%，多种经营净利润均值占比达41.68%，相比上年低了16个百分点。从数据来看，多种经营业务的净利润率明显高于传统物业服务的净利润率，似乎成为物业管理企业的新的盈利点。或者说明非主营业务比主营业务更具发展潜力，企业未来的战略发展规划需做出调整。

多种经营，本义是通过将企业的主业与横向、纵向和侧向等延伸领域的辅助产业有机结合，使人、财、物等资源能够综合利用，从而使主业实现稳定收入的同时，更大幅度地创利增收。其重点仍在主业，辅助产业是"锦上添花"。在做好小区物业管理服务的同时，围绕业主需求，开展多元化的服务增加收益无可厚非。但为了提高经营收入，在小区开超市、办食堂、开洗车行，甚至涉足房屋租售、酒店经营等这些已经竞争非常充分，甚至十分激烈的行业，物业管理企业并不具备竞争优势。从投资的角度分析，且不说近几年电商的快速崛起对传统零售业的冲击，单就传统的社区便利店来说，无论是规模、采购链，还是零售管理系统，物业公司都并不比7-11、百里臣这样的品牌连锁店更有优势，并且难以形成规模和品牌。而经营餐厅或酒店这类已经发展到很专业、竞争密集的领域，商家不仅需要渠道、产业链的资源优势，还需要具备丰厚的经验和专业的人才，这更是物业公司当前所缺乏的。尽管很多物业公司都公开宣称，多种经营收入与利润占比在不断上升。但至今，我们并未看到物业管理企业投资的酒店、商业有非常成功的案例。

LK公司更是其中的典型。LK公司在2010年时也提出要大力发展多元化的业务领域，并以租售活跃的学位房、大型居住社区为代表的成都项目为试点，注册了置业公司开展房屋租售业务，4年过去了，置业公司仍未真正实现独立运作、自负盈亏，尽管LK公司拥有房源优势，但缺乏专业的中介人才与运营经验，更无渠道与信息资源的优势，始终难以突破。2011年，LK公司投资酒店经营业务，经过3年的运营，酒店仍未实现盈利，且基本以月租公寓形式经营，经营业绩也颇为惨淡。对于这些竞争充分、运作成熟的行业而言，LK公司尽管运作数年，却仍然是门外汉。企业的跨界投资显然是失败的。

对于任何一个行业来说，投资决策都是一个专业的管理行为，不是迫于成本上涨、经营压力之下的盲目投入或转型。投资必须对企业的自身实力、投资项目的竞争优势、风险与收益进行充分的评估，对非主营业务的投资更需要全面而谨慎的分析。大的经济环境下，每一个行业都时时面临着成本、经营、市场、资源的考验，当下被电商冲击的传统零售业要实现自救和突破，也是在主营业务的基础上进行模式创新、服务创新、渠道创新及延展，而不能盲目涉足自身不擅长、不具竞争优势的领域。物业管理行业同样如此。

科学完善的投资体系是企业在较小的投资风险情况下获得较大投资收益的前提和基础。无论是企业并购、还是开拓新的领域，都离不开投资决策管理。特别是对投资机会的研究、筛选、调研及可行性分析，这些都是决定投资成功的重要因素，也是财务思维的反映与体现。

（本文发表于《现代物业》2014年11期，文章名为"行业规模下，投资需谨慎"，于2021年5月编辑整理）

后记

无论是投资并购，还是多种经营，对于物业管理企业来说，都需要投资管理，否则就很容易产生错误的决策，导致企业经营的损失，甚至是失败。这种情形无论在并购环节，还是在多种经营环节，行业里都屡见不鲜。

那怎样实施专业的投资管理呢？

> 投资是个技术活。对于物业管理企业，无论是多种经营、跨界投资，还是收并购，都应以专业评估与分析为依据。

物业管理企业投资，尚需专业基本功

投资，是特定经济主体为了未来可预见的时期内获得收益或资金增值，在一定时期向一定领域投放足够数额的资金或实物的货币等价物的经济行为。无论是企业还是个人，投资的本质，都是通过资本和资源的优化配置达到创造更多价值的目的。从这个意义来说，目前物业管理行业的投资，仍然还处在比较初始的阶段。

一、收并购投资，投后管理是关键

在行业上市潮的引领下，物业管理企业初步认识了资本市场，意识到企业除了基础业务，还有着更多发展途径和可能性。扩大规模、争取上市成为当下物业管理企业关注的重心。行业并购，成为近几年高频出现的词汇，也是当下行业企业的主要投资行为。

从投资的本质来说，行业之间的横向并购行为，其投资目的是未来的发展和预期盈利。规模扩张，只是投资行为本身带来的结果表现。但规模本身，并不意味着盈利。尽管短期内，可能会给企业的报表增添亮色，或引起资本市场的短期关注。但从长期发展来说，规模对企业带来的是正效应还是负效应，仍然取决于企业自身的运营。事实上，尽管近几年行业间并购行为屡见不鲜，但净利润被规模拖后腿的也不鲜见。而由于市场对于规模化的竞逐，导致企业并购的成本也越来越高，优质标的越来越稀缺，企业并购的风险越来越大。可以预见，短期内行业间的横向并购，仍然会是物业管理企业投资的主要选择方向，但正如某位资本分析师所说，无论财务报表做得多么漂亮，市值才是企业在资本市场上的主标杆。至于市值如何与公司内在价值溢价相同，是另外一回事。并购投资，更考验投资后的运营与整合，这决定了企业的投资行为对预期目标或创造价值实现程度，也是物业管理企业当下急需夯实的基本功。

二、多种经营，理想与现实大不同

"多种经营"也是行业近几年的热门词汇，作为物业管理企业的增值服务内容，多种经营涵盖了非常广泛的领域，家政服务、房屋中介、社区便利店、汽车美容、酒店、餐厅、教育、养老等与业主居家生活相关的业态，都被列入物业管理企业的"多种经营"项目。事实上，多种经营这个词汇最早应用于农业，是指在一片土地上种植多种农作物，提高土地的利用率，在主要产值之外创造更多价值。对于现代企业而言，多种经营是主业和辅助产业的有机结合，包括对各种人、财、物等综合有效利用，达到使主产业稳定收入的同时，挖掘市场潜力，通过资源的开发和再利用，更大幅度地创利增收。

本质上，多种经营，就是企业的一项投资行为。笔者在为物业管理企业作咨询服务的过程中，发现很多企业开展多种经营的初衷都很美好，认为既能够为客户提供增值服务，又能为企业创收增利，是两全其美的好事。但真正开展起来时，却发现并不是那么回事，要么客户热情度并不高，要么就是亏损经营。其背后的原因，是企业在评估一个多种经营项目时，依靠的并不是专业的分析和评估，而是"经验判断"，甚至是"直观感受"。

以家政服务为例。受益于国家脱贫攻坚政策和实施全国家政服务劳务对接扶贫行动、"百城万村"家政扶贫试点行动，一大批贫困妇女进入家政服务行业就业创业。截至2018年年底，全国家政服务企业突破70万家，从业人员已经突破3 000万人，家政服务产业规模达到5 762亿元，2019年市场规模突破7 000亿元。巨大的市场蓝海是物业公司纷纷进军家政行业的动力。2019年，据《河南商报》报道，鑫苑、康桥、永威、正弘、建业等知名物业公司，都先后推出过家政服务项目。然而，盈利的却并不多，甚至能坚持一直做下去的都不多。原因就在于，物业公司进军家政行业，虽然有其便利条件，但缺点也很明显，就是从业者不够专业和职业化。清洁保洁是最基础的家政服务，门槛低但利润也低，像月嫂、育婴师、护工等收费较高的项目，附加值也高，但物业公司没有相对专业的人才，就无法接单。所以，尽管有些项目看上去，物业公司具备开展的条件，似乎也有市场需求、有发展的前景，但是深入了解其运营机制和盈利模式后，才能更清楚地判断和评估自身是否具备开展这项业务的条件，而不是简单的理想主义。

三、跨界投资，专业评估谨慎决策

如果说并购是为了企业的规模扩张，多种经营就是物业公司基于自身主营业务的资源优势发掘的延伸业务。两者都与物业管理企业的自身主业相关。那么，跨界投资，更考验企业的投资水平与决策水平。当下，不少物业管理企业也在尝试跨界新玩法：从农业、制造业，到科技研发都能看到物业管理企业的身影。目前这些跨界投资中，还没有见到成功或是创造价值的案例。过往的很多案例都说明了跨界投资并不是想象得那么简单。

以恒大冰泉为例。作为恒大多元化发展战略的首个跨界快消产品，恒大冰泉从出生就确定了其高端品牌饮用水的产品定位，恒大为此动用各种赛事资源，砸重金进行营销推广。然而，结果并不理想，2015年恒大曾计划分拆恒大冰泉单独上市，根据当时普华永道的审计数据，恒大冰泉2013年至2015年3年的累计亏损高达40亿元。

中国的矿泉水市场和很多市场类似，主要规模集中在中端市场和中低端市场，高端市场不好做，规模相对较小。2013年中国整个高端水市场整体不过50亿，而中端、中低端相对虽然比高端市场大，但几个大佬农夫山泉、怡宝、康师傅等总销售量也不过300亿左右，而且都是运作多年，即使加上高端，业内几个大佬的总量也不过300多亿。可想而知，矿泉水的生意也并不如想象中的那么美。凭恒大的资源和财力，尚且亏损40个亿，更何况物业管理企业。

物业管理企业投资并非没有成功的案例，例如广州的祈福物业，其投资的零售业（包括15家不同规模的零售店）、校外培训等营业收入，远超其物业管理服务的收入，其主营业务物业管理服务收入在其全部收入中仅占比14.6%。但祈福物业的经营模式有其特殊性，对大部分行业企业而言，都不具备可复制性。

四、行业投资，企业需要注重基本功

投资，对于企业是最重要的决策行为，投资决策的能力将决定企业未来的收益和可能遭遇的风险。当下物业管理企业的投资行为，最主要的问题集中在四个方面。

1. 缺乏规划，流于主观随意

对投资项目的判断往往是依据经验主义或形式主义。甚至是盲目跟风，觉得哪里看似"风口"就盲目投入。缺乏系统的规划和思考。

2. 缺乏专业分析和判断的能力

面对一个投资标的或项目，缺少从多种方案中选优的决策能力，或是对项目的可行性分析不充分。甚至投资决策分析是基于直觉判断，而不是客观理性的分析。

3. 是缺乏执行系统强有力的支持

投资决策是企业的重要决策行为，需要有专业团队的协作和支持，但现实中特别是中小物业管理企业，其投资决策往往是掌舵者一人决策，团队又缺乏专业知识和能力，不能够及时提示问题或风险。

4.投资选择失误和市场进退时机失误

这也是很多物业管理企业常见的投资误区，一方面缺乏专业分析能力，另一方面受限于自身投资决策的眼界和水平。

投资是个技术活。无论是企业还是个人，要想做到理性投资不踩雷，都必须要注重建立投资决策的专业能力。开阔视野与眼界，关注经济形势与市场趋势，重视和正确解读数据，运用专业知识客观分析、理性判断，必要时可以借用"外脑"，逐步提高专业水平。

并购投资、多种经营、跨界投资，都需要专业的投资支持，对于物业管理企业来说，首先不要再犯这四个方面的错误。

> 尽职调查不仅是一项专业度很强的工作,同时也是经验与技巧的累积。尽职调查水平的高低直接影响并购的成果。

尽职调查,并购中价值与成本博弈的基础

延续行业上市风,收购、并购仍然是目前行业快速做大规模的主要方式。除此之外,收购也是行业快速完成跨界投资、多元经营的方式之一。无论是收购、并购还是跨界投资,企业都需要对目标公司具备充分的了解,即全面的尽职调查。未做尽职调查或尽职调查不充分,不仅影响企业的投资行为,导致收购或并购失败,甚至还会给企业带来巨大的损失。

例如,A公司欲涉足房地产开发,为此并购了一家房地产开发企业B公司,并购前,A公司仅考虑了B公司所持有的土地资源,对未来的开发业务抱有良好预期,便快速完成了并购。却不料B公司一直没有清算土地增值税,在并购后,地税局要求B公司进行土地增值税的清算工作,并补缴了数额较大的土地增值税。由于A公司事前对B公司的尽职调查不充分,导致并购后补缴了大额土地增值税,A公司实际支付的价款,远远超过了B公司的投资价值。

行业并购也是如此。并购是一个价值与成本相互博弈的过程,价值越高出成本,并购交易就越成功,反之就是一次失败的并购交易。行业目前的并购行为,很多是为短期快速做大规模,往往忽略对目标公司的充分调查,这无疑会提高企业的并购成本,甚至成为企业发展的负担。企业在实施并购前,必须开展尽职调查,充分评估目标公司的投资价值,全面了解目标公司的经营与资产情况。

一、什么是尽职调查

尽职调查是指投资人在与目标公司达成初步合作意向后，经协商一致，投资人对目标公司一切与本次投资有关的事项进行现场调查、资料分析的一系列活动。

充分的尽职调查将对企业的收购、并购行为发挥重要的作用。第一，能够厘清目标公司的股权结构，确定评价主体，明确收购、并购的范围，在谈判与并购协议中尽可能规避风险；第二，通过对组织结构、控制环境、管理制度、财务制度建设的调查与评价，能够预期经营风险与财务风险；第三，通过对目标公司当前运营、财务现状及发展趋势的分析，能够预计收购、并购的成本；第四，调查报告可以作为投资决策的重要依据，有利于管理层判断是否继续收购、并购的过程；第五，如果后期需要审计或评估，调查报告可以指明审计、评估的方向与重点。

二、尽职调查的范围与内容

通常，企业在投资项目立项后，即确定了收购、并购的目标公司时，才开始启动正式的尽职调查工作。尽职调查的范围包括：财务与税务方面、法律方面、业务运营方面、人事方面、技术方面以及其他涉及的范围。

完善的尽职调查清单通常包括以下内容：

目标公司的组织与产权结构。了解目标公司及其附属机构的组织结构、股权结构、规章制度、公司章程等基本情况。目标公司已经是上市公司的情况下，还需要了解目标公司历次董事会和股东会的会议记录、股东名单、股票发行情况及相关协议等资料。

目标公司的资产状况。了解目标公司及其附属机构合法拥有或租赁的不动产，包括不动产的所有权、抵押情况和保险情况。对租赁物业，需要了解其租赁期限、续签条件、租赁义务等。

目标公司的债权债务。了解目标公司及附属机构的所有债权债务文件、相关协议、凭单、承诺书、交易文件、抵押文件等。

目标公司的经营情况。了解目标公司及其附属机构对外签订的所有协议，包括合资合作协议、战略联盟协议、管理咨询协议、合作协议等；目标公司购置资产和供货商的资料、采购合同；目标公司所有关于市场开拓、新签业务的合同；目标公司为开拓市场而制订的业务发展计划，包括开拓市场的费用预算等。

目标公司的财务数据。了解目标公司及其附属机构所有审计或未审计的财务报表，公司成立以来主要经营数据与账目的审查。

目标公司的税务状况。了解目标公司及其附属机构的税负情况，包括过往税务处理的相关报表、清单、处罚记录等相关资料。

目标公司的人事情况。了解目标公司及其附属机构的管理层与主要管理人员的个人履历，人员分包情况，公司与员工签署的劳务合同、保密协议、非竞争条款等相关协议。了解目标公司及其附属机构的人员薪资福利情况。

目标公司的法律纠纷情况。了解目标公司及其附属机构的法律纠纷情况，尤其是当前正在进行的诉讼、仲裁或政府调查情况，包括诉讼类型、当事人及赔偿情况，对涉及保险赔偿的需要了解保险金额及保险公司态度。所有涉及诉讼、仲裁、政府调查事项的文件、通知、裁决、判决、命令等文书资料。

目标公司的保险情况。了解目标公司及其附属机构的保险情况，包括保险合同、保险证明及有关单据。

目标公司的知识产权。主要指了解目标公司及附属机构所拥有的商标、服务标识、商号、版权、专利和其他知识产权的情况。

目标公司的重大资产变化或投资行为。了解目标公司近5年来重大的资产变化或投资行为，为评估收购、并购价值提供参考依据。

其他需要了解目标公司的情况。例如，物业管理企业跨界收购、并购时，需要了解目标公司所属行业的市场状况、同业竞争情况，所涉行业的有关政策规定、补贴情况与品质标准等信息。

三、开展尽职调查的方法

尽管不少行业企业在开展收购、并购活动时，都会做尽职调查，但很多时候由于收购、并购的紧迫性，尽职调查往往成为一种"例行公事"的工作，这就失去了尽职调查的意义。企业需要的是注重实质内容的尽职调查工作，而不是按部就班地走形式。即使准备了尽职调查清单，企业在开展实际调查工作时，仍然需要根据目标公司的实际情况分析调查的详略和重点，开展调查工作，真正找出问题并解决问题，不能为了调查而调查，这样的尽职调查才能够为企业投资决策起到重要的参考作用。

充分的尽职调查，通常包括查阅资料和实地调研两种方式。

查阅资料。查阅资料是尽职调查的基础工作，但却并不是简单的工作。在尽职调查工作中，对目标公司所有相关资料并不只是简单的查询和审阅，重点是对这些相关资料的关联与分析。一些企业的信息从表面看来是完整、没有漏洞的，但是关联企业其他信息或历史信息，则可能存在问题。因此，对资料的查阅，既要保持独立性，也要保持关联性。

美国知名的调查公司浑水调查公司（Muddy Waters Research，以下简称浑水）在调查分众传媒时，就查阅了其2005年至2011年六年的并购重组事件，并对分众传媒在此期间的并购时间、对象、金额等做了详尽的分析，进一步查阅了并购对象的官网、业务结构，挖掘出了分众传媒收购案中涉及的众多高层关系图，为后期采取的行动提供支持。

实地调研。实地调研是尽职调查中的重要环节。一些行业企业在收购、并购时，由于目标公司在异地的原因，往往会忽略实地调研，仅通过查阅资料来判断和决策，这往往是不全面、存在风险的。浑水在调查东方纸业时，发现在其报表数据都很不错的背后，实地现状却是破烂不堪的工厂、20世纪90年代的机器设备、潮湿的办公环境，根本不符合造纸厂的条件，而且库存更是一堆废纸。这些都是难以通过前期的资料查阅发现问题的。

此外，对于跨界投资，企业除了通过上述两个方法进行调查以外，还需要通过专业调查公司、行业专家、竞争对手了解和分析目标公司所涉行业的状况、前景和竞争环境。

尽职调查是一项专业度很高的工作，调查人员不仅需要具备专业的财务知识、法律知识，还需要了解相关行业。通常企业会选择财务部门担任尽职调查工作，但是物业管理企业的财务人员大多是从事基础的会计工作起步，缺乏管理思维和意识，所谓的尽职调查便只是基于清单、流于形式，难以发挥尽职调查的作用。所以，对于重大的投资、收购事项，企业会选择第三方机构提供调查服务，通过第三方机构的专业水平与调查能力，为企业的并购谈判、估值、整合奠定坚实的基础。

（本文发表于《住宅与房地产》2017年10期，文章名为"行业并购如何开展尽职调查"，于2021年5月编辑整理）

> 市场格局的变化加速了物业管理企业之间的合作,合作的形式多种多样,企业如何选择合作方,如何达成合作的目标?

物业管理企业之间如何开展合作

物业管理行业近几年发展势头强劲,从O2O到上市潮,竞逐资本市场、行业并购、股权合作、科技创新都成了行业发力的新方向。市场环境的演变推动了竞争格局的变化,行业企业之间加剧分化。

根据行业数据,2018年年底,全国物业管理行业的管理面积279.3亿平方米,经营收入7 043.63亿元,物业服务企业数量12.7万家,从业人员983.7万人。行业规模扩张迅速。500强企业物业管理项目70 403个,管理面积118.87亿平方米,占2018年物业管理行业管理总面积的42.56%。500强企业自身也加剧分化,2018年,前100强企业管理项目和管理面积占500强企业管理项目和管理面积比例分别为58.97%和67.37%,聚集了500强企业过半的管理项目和管理面积。

数据说明行业的集中度正在快速提升,呈现强者恒强的态势,头部企业优势积累,管理面积不断拓展。应该说,是市场格局的变化,加速了物业管理企业之间的合作。

一、合作,是为了提高竞争力

行业发展初期,物业管理企业之间已有开展合作,只是受限于企业的经营状态,合作形式比较单一,大部分是以顾问合作与品牌输出为主,且合作内容局限在企业之间的品牌与经验的传递。

这种合作方式对于小企业而言，可以快速复制其他企业的管理体系或借助强势品牌宣传，但并不能真正解决自身的问题，因此这种合作方式最终并没有成为行业合作的主流。

在上市潮的带动下，规模化成为企业冲刺资本市场的重要途径，行业合作明显增多，且呈现新的变化。不局限于行业内部的合作，还包括跨行业的合作。合作的方式也不仅是经验与平台的输出，还包括收并购、股权合作等多种方式。在这些合作方式中，规模始终是合作的主要目的。然而，并非所有的合作都能达到目的。

此前，雅生活收购中民未来物业股权一事备受关注。中民未来物业作为中民投旗下物业公司，本身也是一家物业投资公司，成立之后就相继收购了众多物业公司，其中不乏百强企业，如龙城物业、天骄物业、科瑞物业、明华物业等十家百强上榜企业。行业中罕有企业能有这样的实力，中民未来物业可以说是具备了得天独厚的条件。然而这样的优势，并未给中民未来物业带来良好的发展势头。由于中民投在其他领域投资失利，引发债务危机，致使公司陷入困境，导致陆续变卖各类资产，致使中民未来物业也被迫出售。有实力、有资源、有人脉，甚至有政策，这样得天独厚的条件下促成的合作，原本是抢占了最佳机遇和竞争高地，然而由于投资失误、加上缺乏运营整合能力，最终形成了中民投的败局。

某公司上市后，为了满足资本市场的要求，曾经大肆开展收并购，加速规模扩张。急速收购的背后，也受到了市场一些负面评价，甚至有些项目屡遭投诉。

合作，是为了提高企业的竞争力。合作，也仅是迈开了企业发展的第一步，合作之后的整合与运营才考验企业的管理水平。

二、合作，本质是共赢

无论是股权合作，还是平台输出，或是跨行业的合作，企业合作的本质是要实现双方的共赢。通过合作增加各方收益，这是合作的根本基础。很多物业管理企业仍然面临管理基础薄弱、经营能力欠缺的现实问题。这种情况下，对于合作更应持谨慎的态度，而不是盲目跟风。例如，收购了劣质项目，虽然规模与营收看似增长，但盈利质量却会下降。这类不良项目积少成多，势必会成为企业的包袱。在一些上市物业公司的年报中已经体现了这一点。

面对合作，企业需要充分认识到自身的优势与不足，对合作的内容更要有正确的判断。奈斯的咨询客户Y物业公司是某地一家中型物业管理企业，某品牌物业公司提出与Y物业公司合作，以占小股的方式，输出线上服务平台给Y物业公司免费使用，Y物业公司的业主可以在该平台消费、购物，Y物业公司可以提取佣金。表面看起来这种合作方式是双方共赢。但深入分析会发现在这种合作方式下，Y物业公司在享受分利的同时，实际上承担着担保责任。看似平等共赢的合作下，Y物业公司承担了更大的风险。拒绝合作是我们必须给出的建议。共赢，是合作的基础。能够识别和判断合作的机遇与风险，是企业面对合作时，必须具备的能力。

有些头部品牌企业在输出自己的管理体系和"R"服务时，更多的是强调自己的轻资产和低风险，却没有充分考虑合作方的负担和利益。因此这样的合作方式也必不会被市场广泛接受。靠一时的概念忽悠而不是长久的互利合作，成就不了市场。

三、合作，需要专业和技术

企业合作是一项技术活。股权合作所涉及的尽职调查、估值、谈判及交易等环节都需要具备专业的知识，甚至是精心的设计。目前很多企业的股权合作仍是比较粗放的形式，对股权比例、正确估值、交易方式等仍是凭经验、甚至是凭感觉。对股权架构、财务架构的设计更是缺乏足够的专业度。这样的合作，企业往往是蒙受损失却不自知，甚至可能给企业带来更大的风险。

企业在选择合作标的之前，需要做到以下几点：

第一，要有明确的合作目的。企业需要通过合作解决什么问题。扩大规模、获取资金、拓展业务链条、开发新的盈利点等。

不同的合作目的，决定了企业合作中的条件设定与风险评估，也决定了企业在合作达成后的工作方向。很多企业为了扩大规模而在短期内完成快速收并购，但对收并购之后的整合与管理却没有做好充分的准备，不仅对企业的经济效益产生负效应，还会给企业的品牌带来负面影响。企业必须要清楚合作的目的是什么，而不是为了合作而合作。

第二，是合作方的尽职调查。目前企业对于合作方的调查方式主要是两种，一种是企业自己成立尽职调查组，对标的企业开展尽职调查工作。另一种是企业委托第三方审计机构开展尽职调查。由于行业整体管理水平不高，且业务构成也比较复杂，企业的财务数据与资料往往存在口径不统一、资料不完整等缺陷。对于不了解行业特点的第三方审计机构，其出具的报告往往难以捕捉到这些问题点，梳理的结果往往与实际存在出入。企业自身成立尽职调查组，需要投入人力、精力的成本较高。选择合适的第三方合作，能够使企业的尽职调查工作更加事半功倍。

第三，对合作事项可行性评估。可行性评估，包括行业市场、竞争环境、盈利预测、风险评估，需要做出综合全面的考量。而并非单纯考虑合作给企业带来的利益部分。利益与风险始终并存。企业必须清晰地认识到利益背后，企业需要付出的部分，并且做出正确的评估。

第四，合作定价与条款设计。基于合作事项，企业如何对合作标的进行定价，应采取怎样的定价策略，如何设计交易条款，是企业合作达成的关键部分。很多企业间的合作往往是始于意向，终于价格。2018年，海航控股拟以13亿元将北京海航大厦转让予万科的议案，最终表决结果的反对票占比高达93%，超九成的反对票导致万科收购海航未果。其原因就在于双方对成交价的预期差距过大。合作定价，包括价格谈判，都是决定合作能否成功的关键因素。而对于定价存在分歧的合作，通过精心设计的交易条款往往又可以起到积极促进、达成一致的作用。合作定价与条款设计是对专业性要求很高的工作,这部分也是我们为咨询客户创造价值最多的部分。很多企业缺乏应有的专业能力,在合作交易中吃了大亏而不自知。

第五,就是合作完成之后的整合。无论是哪种形式的合作,完成合作交易,仅仅是第一步。决定合作成功的因素,是合作交易达成之后的整合与运营,包括企业之间的业务梳理、运营整合、资产整合、财务整合、文化差异与价值观的整合等。事实上,这些问题是需要企业在合作之前就考虑清楚的。2011年,世联行出资2100万元收购青岛雅园物业60%的股权。公告称,此次收购将实现世联地产物业管理业务的高起点运作,增加经常性服务收入在世联营收中的比例,提升公司抵抗行业周期和经济周期的能力。不到5年时间,2016年,世联行即以3514万元的价格出售了青岛雅园物业60%股权。世联行称此举是由于雅园物业聚焦于二线城市的基础物管,与公司聚焦一线及部分强二线城市的产业园区管理的战略布局不一致。可以看到的是,世联行对于雅园物业的收购,至少在定位与方向并不是那么清晰,而收购完成后也没有从公司整体的战略布局上进行有效的整合。

企业之间的合作,仅仅是第一步。合作达成之后,才是对企业真正的考验。

(本文发表于《深圳物业管理》2019年11期,文章名为"合作,仅仅是开始",于2021年5月编辑整理)

后记

投资不论是以何种方式展现,最终要落地,都存在一个往往被专业人士忽略的问题,那就是双方甚至多方的合作。失去了这个前提,投资管理也失去了落地的坚实土壤。因此在投资之初,就应树立双赢、多赢的原则。

并购风起云涌，打破了市场原有的格局，改变了市场发展的方式。有的企业加速跟进，有的企业不知所措。并购对物业管理企业究竟意味着什么？究竟应该怎样看待并购？2020年7月，笔者接受了《深圳物业管理》杂志的采访。以下为采访实录。

对话：物业管理企业的并购与整合

《**深圳物业管理**》：自从物业管理行业被资本关注后，物业管理企业的并购热潮一直持续不减，您认为并购对物业管理企业究竟有什么意义？

钟冶：并购可以加快物业管理企业的发展速度，迅速提升企业规模，推动行业集中度的提高。并购对物业管理行业的最大影响是改变了传统的业务发展模式，或者说对传统的业务发展模式产生了很大冲击。这种影响还在逐渐深化，越来越多的传统意义上的小品牌、弱品牌后来居上会产生更多的示范效应。

从未来发展的趋势来看，并购也是一次分水岭，有实力的企业会迎来更大的发展机遇，安于现状或缺乏前瞻性的企业可能会被迫退出行业市场或者被边缘化。

《**深圳物业管理**》：当前物业管理企业并购的类型有哪些？

钟冶：当前物业管理企业的并购绝大多数属于横向并购，即同行间的并购，目的是迅速扩大规模，提高市场份额和影响力，同时消灭竞争对手。随着资本市场对行业关注度的提升，市场上行业优质标的资产的价格也是水涨船高，早期高投入、低盈利的并购方式逐渐不再适用于今天的市场。企业对并购标的的衡量标准也不仅是面积和营收。纵向产业延伸也成为行业并购的新方向。

例如中奥到家以1亿元收购房产经纪业务公司辉煌房地产及辉煌置业51%的股权，将产业链向前端推进。也有行业企业向下游产业链拓展收购，如收购清洁公司、园林公司、保安公司、电梯维保机构等，但是行业目前纵向并购的比例相对还是比较低，规模级别也比较低，影响力较小。

混合并购在行业中也存在，例如有些物业管理企业跨界收购保险公司、生态农业等。当然，无论是哪种收购方式，并购逻辑都是不变的。并购就是以现金或股权换取未来的业绩增长，所以并购本身是有代价的，如果并购标的不能为企业带来实质的利益，即使并购成功，也不足以长期支持企业在资本市场的估值。

《深圳物业管理》：并购案例中，很多收购方都倾向于签订对赌协议，请您谈谈对赌协议的利与弊。

对赌协议就是"估值调整协议"，是并购双方对于未来不确定情况的一种约定。在行业并购实践中，主要是对并购标的未来的业绩作出一种承诺。通过条款的设计，对赌协议可以有效保护并购人利益。对赌协议的弊端在于，为了达到承诺条件，可能会产生短期行为，不利于被并购企业的长期发展和公司治理。但从目前行业实践中来看，对赌条款只要不是过于苛刻，整体上来说是利大于弊。

《深圳物业管理》：并购过程中，双方可能遇到的风险有哪些？该如何防范？

钟冶：在行业企业并购过程中，并购方的风险主要有两个方面：一方面是高估了被并购企业未来的盈利能力和发展能力，另一方面是未充分了解被并购企业潜在的风险。要应对这两类风险，并购企业必须要认真作好尽职调查，避免尽职调查形式化。早期，彩生活上市后由于资本市场的压力，对于并购采取的是快速出击、抢占份额，对并购标的的质量、盈利水平、地域协同性、业态互补性以及并购的出价，都缺乏审慎的考量，甚至为了快速完成并购目标，企业付出了比较高昂的成本，导致规模做大的同时，盈利水平出现下降，甚至出现品质危机多地"震荡"，暴露出企业管理短板，导致企业不得不放缓并购的节奏。所以，作为并购方，其风险不仅存在于并购前、并购中，其风险可能也延续到并购后。作为并购方需要明确的是，在扩大规模的同时，不可忽略效益。

被并购方的风险主要体现在商业秘密的泄露和对赌条款的过于苛刻带来的不能履约风险，因此我们建议被并购方要聘请专业的第三方指导参与并购过程。此外，有些被并购方在股权出让的同时，也有保留部分控制权的需求，这些需求通过专业第三方的指导设计，也会更能得到保障。

《深圳物业管理》：并购过程中，被收购方总想"抬高身价"，但收购方又担心估值过高而支付过高溢价引起并购企业财务状况恶化或财务成果损失，那您认为该如何客观判断一个被收购标的的真正价值？如何客观判断一个被收购标的的真正价值？

钟冶：这是一个复杂的话题，虽然从理论上来说，我们有一些技术工具和技术指标可以用来评价其价值。但是这些技术手段都是建立在一定假设前提下的相对静态价值。对于并购实践并没有多少实操意义。简单地说，被并购标的价值并不完全取决于该标的所拥有的所有要素及组合，还取决于并购方的并购目的和整合能力。举个例子，花样年20亿收购万达物业，对于花样年是值得的，但如果换作万科物业或绿城物业，却是绝对不能接受的。原因就在于前者和后两者对于该标的的并购目的和资本运用能力有很大差别。因此，并购企业希望用一个简单的可视的标准作为被并购标的价值的判断依据，这是个简单的思维，未必科学。

《深圳物业管理》：规模之争，会不会成为物业管理行业的未来一种常态？

钟冶：物业管理企业近几年在资本的推动下，并购行为越来越多，最直接目标就是扩大企业规模。关注规模其实是资本引导的方向，原因在于目前物业管理行业还处于洗牌阶段，还没有真正意义上的头部企业，未来谁能成为这个行业的头部企业，充满了各种不确定性和可能性。头部企业的基本特征就是有着较高的市场占有率和影响力。因此，在未来的几年，规模之争不可避免。

《深圳物业管理》：没有能力和资金并购的企业，未来该怎么发展？

钟冶：实施并购有很多方式，杠杆并购在当前的市场条件下是完全可以实施的。因此并不是有资金才能实施并购。对于很多物业管理企业而言，开展并购最缺的不是资金，而是缺乏专业的视角、运用资源的手段和能力。不过，规模之争、模式之争，都是行业发展的阶段性热点。行业企业普遍存在的核心问题仍然是底层管理能力问题，因此如果企业能够将基础的业务管理、企业管理做到真正的优质，那完全不用担心未来的竞争。因为规模大的物业管理企业目前并没有明显的效率优势。

《深圳物业管理》：企业在完成并购之后，应该如何进行整合？

钟冶：并购后的整合，也就是行业所谓的投后管理，是整个并购过程中最难的。完成企业并购后，并购方需要面临的不仅是资源的整合，还包括管理整合、财务整合、架构整合、文化整合等诸多需要整合的因素，这些都考验企业的运营水平和管理能力。我们在为物业管理企业提供咨询服务的过程中，就有投后管理部分的咨询，现实中很多企业虽然有成立投后管理的部门，却并没有发挥出投后管理的作用。原因就在于，没有弄清楚并购整合的意义与关键所在。

并购整合，并不是简单地统一管理标准，不是对所有类型的标的，都套用同一种方式。而是要有针对性地进行整合，当然这也非常考虑并购方自身的业务运营水平与管理能力，例如，对于一些优质标的，即本身主营业务效益比较好，管理也相对稳定的，那么整合的关键是鼓励其发挥效益优势，并进一步挖掘其潜力，而不是盲目去改变或是统一对方的架构、制度、流程和文化。同样，对于一些效益不理想的标的，整合的关键是如何改变和提升其效益，需要管理层面和运营层面的双重支持。因此，并购的最终目标是提高企业的盈利能力，为企业带来实质的利益。这也是投后管理的根本所在。

事实上，从某种意义来说，对于竞逐资本市场的企业而言，投后管理的专业性甚至要超出投拓部门，因为市场竞争激烈的情况下，行业企业的选择并不多，而如何运用专业手段和管理能力，通过有效整合改善这些投拓的资产，最大化发挥其效益，对企业至关重要。

《深圳物业管理》：从这些年你们参与顾问的并购案例来看，物业管理企业并购案中比较典型的问题都有哪些？

钟冶：目前，我们做咨询服务的物业管理企业中，既有并购需求的企业，也有期望被并购的企业。对于并购企业来说，寻找合适的标的、谈判，到后期整合的过程中，最突出的问题集中在前端和末端，即寻找标的与并购整合。对于被并购方来说，定价无疑是企业最关心的问题，小部分企业会考虑控股权，但价格仍是其主要考虑因素。但真正懂得、能够为自己企业制定定价策略的，少之又少。这也是我们为这些企业提供咨询服务的价值所在。

《深圳物业管理》：有人说，并购是把"双刃剑"，对此，您怎么看？

钟冶：并购能够在短时间内快速做大企业规模，满足企业上市、资本市场的需求，但同时，短期快速发展也会给企业带来经营的压力，甚至是利润的下降。从一些上市公司公布的财报上也能够看出这一点。究其本质，仍然是体现企业的管理水平和运营能力。我们在咨询工作中接触的物业公司，也有面临这种矛盾的。因为上市需求，快速收购、并购，运用各种筹划手段做大规模，但后台管理、人才储备、运营能力都跟不上业务发展的脚步，导致企业在做大规模的同时，效益不升反降。面对这种矛盾，企业必须两手抓，而且两手都要硬，一边积极拓展市场，一边夯实管理基础。否则短期内规模扩大，并不能为企业带来真正的、可持续的经济效益,甚至会危及企业的未来发展。但是我们并不能因此否定并购扩大规模在当前这个市场时间窗口的积极意义,并购带来的问题本质上仍然源于企业的经营管理能力不足。与其说并购是把"双刃剑",不如说并购是考验物业管理企业管理基础的试金石。

资本市场也并非总是对的，企业如果盲目追求估值或股价上涨，带来的业绩只能是一种伪增长，缺乏可持续性，那么企业早晚有一天也会被资本市场抛弃。企业竞逐资本市场，表面业绩是一种成果，而内在核心竞争力才是其长期价值的支撑。

2019年行业并购逻辑

2019年物业管理行业上市潮仍热。基于资本市场对规模的需求，物业管理企业继续通过接管母公司开发物业、第三方拓展及收并购等各种方式，扩大企业规模，市场格局呈现日趋分化态势，行业集中度快速提升。和前两年相比，行业并购及资本市场呈现出以下特点。

一、并购仍是快速扩大规模的有效手段

业务层面上通过接管母公司开发物业而扩大业务规模只对于少数头部开发商所属物业公司具有明显效果。比如万科物业、碧桂园物业等。而对于大多数想上市或者上市后快速扩大规模的物业管理企业，并购仍然是最有效的方式。

2019年4月29日，招商蛇口宣布将以现金方式受让中航善达22.35%的股份，再以持有的招商物业100%股权认购中航善达非公开发行的新股。这样一来，招商蛇口将成为中航善达的最新控股股东，招商物业将成功上市。新平台管理规模将突破1.2亿平方米。半年过去了，招商物业"借壳"中航善达上市的交易还在继续。9月10日，招商蛇口发布公告称，公司以招商物业100%股权认购中航善达非公开发行股份事项已

经获得国务院国资委批复，国务院国资委原则同意本次资产重组的总体方案，且本次重组事项也获得股东大会高票通过。11月8日，中航善达发布公告称，公司全称拟更名为招商局积余产业运营服务股份有限公司，媒体解读此举为意在存量资产管理。中航善达与招商物业2018年年度物业营收合计为66.4亿元，远超A股物业第一股南都物业和港股内地物业股营收第一的碧桂园服务。合并后的中航善达在管面积约为1.49亿平方米。

二、上市渠道、路径发生变化

前几年，物业管理企业上市主要选择香港主板市场，国内除了南都物业登陆A股主板市场外，大部分均选择新三板挂牌。截至9月10日，在我国15家物业管理行业上市公司中，中国A股仅南都物业于2018年在上交所主板上市；其余14家自2014年至今，陆续均在港交所上市；此外，还有超过60家物管公司在新三板挂牌。但是，目前这种情况正在发生改变。

2019年8月，新三板挂牌企业浙江开元物业（831971）宣布停牌。2019年11月，浙江开元物业管理股份有限公司更新招股书，公司计划于创业板上市，募集资金3.89亿元，用于物业管理市场拓展项目、信息中心建设项目、人力资源建设项目、智慧社区建设项目和项目创新设计中心建设项目，由民生证券保荐。

2019年2月28日，深耕重庆的重庆新大正物业集团股份有限公司披露IPO招股书，拟登陆深交所中小板募资5亿元，主要用于企业建设、业务拓展和偿还银行贷款。2019年9月26日，中国证券监督管理委员会第十八届发行审核委员会召开2019年第136次发审委会议，重庆新大正物业集团股份有限公司（首发）获通过。

除此之外，2019年有7家物业管理企业，分别为保利物业、建业物业、鑫苑物业、蓝光嘉宝、时代物业、天骄爱生活和康桥物业申请IPO，在港交所发行H股。很明显，物业管理企业进入资本市场的渠道比以前丰富了很多。资质好的新三板物业管理企业摘牌，转向其他资本市场成为一种趋势。

三、行业收并购渐趋理性

2019年备受关注的物业并购事件，当数雅生活以15.6亿元固定对价收购中民物业60%股权，以总额不超过5亿元可变对价收购新中民物业60%股权。

此次并购也被称为是目前中国物业管理行业最大的并购案，此次并购完成后，雅生活管理面积将超过5亿平方米，将一跃成为全国物业管理规模最大的物业服务集团。本次收购的市盈率为12.5倍，估值比较理性。

早期，彩生活上市后曾引发一波并购潮，彼时企业对于并购都是快速出击，抢占份额。对并购标的的质量、盈利水平、地域协同性、业态互补性以及并购的出价，都缺乏审慎的考量，甚至为了快速完成并购目标，企业付出了较为高昂的成本。这些都导致企业规模迅速做大的同时，盈利水平下降，甚至出现品质危机多地"震荡"，还暴露出了企业的管理短板，降低了企业的品牌形象。最终导致企业不得不放缓并购的节奏，回归到谨慎、平稳的步伐。

从这点来说，雅生活的并购行为相对理性。雅生活作为一家专注中高档住宅和旅游产业的物业管理企业，其并购战略是"聚焦粤港澳大湾区、长三角、成渝、京津冀等城市群，收购及拓展的业态从传统的住宅物业管理，向住宅、商业、公共建筑多业态物业管理转变"。可以说雅生活对选择并购标的的基础条件十分明确。从2017年开始，雅生活相继收购了绿地物业、南京紫竹物业、兰州城关物业、青岛华仁物业、哈尔滨景阳物业、广州粤华物业等。对收购标的的选择基本上都是以区域性龙头企业为主，并购标的物业管理企业本身具有增长和盈利能力。且雅生活为并购所支付的价格也基本趋于合理水平，没有付出高昂的代价。

四、上市物业管理企业规模增长明显（见表2-5、表2-6）

表2-5 2017年上市物业管理企业排行

证券代码	上市公司	营业收入（亿元）
2869HK	绿城服务	51.40
2669HK	中海（港币）	33.58
1778HK	彩生活	16.29
1538HK	中奥到家	9.78
3686HK	祈福	3.65
01417HK	浦江中国	3.63
	平均值	19.72

表2-6 2018年上市物业管理企业TOP6

证券代码	上市公司	营业收入（亿元）
2869HK	绿城服务	67.10
06098HK	碧桂园服务	46.75
2669HK	中海（港币）	36.86
1778HK	彩生活	36.14
03319HK	雅生活	33.77
01755HK	新城悦	11.50
	平均值	38.69

2018年上市物业管理企业的规模要远大于2017年，TOP6营收均值2018年比2017年增长近一倍。2019年将比2018年增长更高，营收级别将更上一个台阶。

五、并购模式不再仅为横向并购

随着资本市场对行业的关注提升，市场上优质的标的资产价格也水涨船高，早期高投入、低盈利的并购方式俨然不再适用于今天的市场。企业对并购标的衡量标准也不能仅用面积、营收来做判断。而企业的收购目的也不再是简单的横向扩大规模，纵向产业延伸也成为行业并购尝试的新方向。2018年6月，中奥到家以1亿元收购房产经纪业务公司辉煌房地产及辉煌置业51%的股权。中奥到家称要调整并购方向，一方面将产业链向前端推进，通过并购引进一、二手策划代理业务公司。另一方面则进一步拓展产业链下游，收购清洁公司、园林公司、工程公司、保安公司等。

无论是哪种收购方式，行业并购的逻辑都是不变的。并购，本身是一种平等交易，以现金或股权换取未来业绩增长，因此，并购付出的成本本身是有代价的，如果并购标的不能为企业带来实质性的利益，那么即使并购成功，也不足支持企业在资本市场的估值。同时，企业并购的前提必须是主业健康且稳定。如果主业不佳，无论是企图通过并购迅速做大规模，还是拓展新的业务领域，最终都难以成功。因为并购后，企业需要面临的不仅是资源的整合，还包括管理整合、财务整合、架构整合、文化整合等诸多需要整合的因素。这些都考验企业的运营水平与管理能力，主业不佳的企业，其管理水平与运营能力本身就是存在问题的。

此外，企业必须认清一个事实。资本市场也并非总是对的，企业如果盲目追求估值或股价上涨，而持续不间断地陷入并购的怪圈，这种拼盘式的并购带来的业绩只能是一种伪增长，缺乏可持续性，那么企业早晚有一天也会被资本市场抛弃。企业竞逐资本市场,表面业绩是一种成果,而内在核心竞争力才是其长期价值的支撑。

(本文发表于《住宅与房地产》2019年34期,文章名为"行业收并购渐趋理性",于2021年5月编辑整理)

后记

物业管理企业上市了,资本看好了,企业有钱了,并购多了,市场洗牌了……这些现象并不是孤立的、偶然的,这一切和宏观形势、外部市场都是有内在联系的,先人一步便可提前布局。如果只是一味地跟在别人后面,亦步亦趋,未来市场未必会给你机会。无论你是否理解这个市场,看清楚其中逻辑,也不论你是否已经准备好,市场会按照其自身的规律向前演变和发展。

第三章

物业管理企业的成本管控

- 2007年任正非在BT系统部、英国代表处汇报会上讲道："我们与爱立信等大公司比什么？比效率、比成本、看谁能多活一口气。"
- 企业间的竞争，实质是管理的竞争。
- 节约的成本就是利润。
- 企业的成本管理，首先要有成本思维，其次是改善的方法，最后是行动的能力。

> 品质靠的不是教条式的约定。市场有市场衡量的标准，业主有业主评估的尺度，企业要有企业的管理手段。

物业管理企业如何平衡成本与品质

2017年，南京市住房保障和房产局就《南京市住宅物业管理条例》配套文件公开征求意见。配套文本共有两份：《南京市物业服务标准（草案）》和《南京市新建住宅物业管理项目承接查验标准（草案）》。值得关注的是，在征求意见的草案中，对住宅区的物业服务按指标分为5个等级，不同等级的物业服务有相应的服务标准。其标准细化到了对保安岗位数量的配置、工作时间、保安的年龄。

例如"A级物业服务的标准：配置每个双岗门岗不少于8人、单岗门岗及监控每岗不少于4人；巡逻、应急等岗位按服务的建筑面积配置，建筑面积10万平方米的，每0.8万平方米配置1人；建筑面积＞10万平方米的，每1.0万平方米配置1人。保安人员中，45岁（含）以下的比例不少于60%"。类似的标准还包括保洁，包括保洁人数的配置、地面垃圾的滞留时间以及草坪修剪高度等。甚至还要求小区主入口、景点要保持一年四季有花，每年不少于4次花卉布置等。

不难看出该草案的出发点就是：高品质的服务需要付出高成本。因为无论是充足的人员配置、年轻化的保安队伍，还是对于草坪高度与垃圾滞留时间规定等，都需要以高成本为代价。

一、高成本不一定高品质

先不说高品质的服务是否能匹配相应的收费标准，仅就物业服务品质而言，高标准的人数配置是否就一定能带来高品质的服务？

曾经火红一时的网络电商品牌"凡客诚品"，最辉煌的时候宣称销售规模达到20亿元，曾预期目标超过1000亿元，结果6年不到，凡客就跌下神坛。而总结凡客失败的原因，其中很重要的一项就是"热闹的公司，臃肿的团队，每一天都在烧钱中度过"，扩张增编，带来的是越发迟缓的工作效率。类似的还有拉手网，成立仅一年交易总额近10亿元，快速扩张之下，两年内员工规模暴增至6000人，导致拉手网一度陷入内耗，最终也悄声落幕。

过度注重架构，一味增加人员，未必会提高产品或服务的品质，还可能增加企业的内耗，降低管理效率，甚至拖垮企业。相反，在一些情况下，要提高管理效率，提升服务品质，不仅不是靠增加岗位编制，反而是要减少岗位编制，简化人员架构。

举个真实的案例。某物业公司在异地管理一个超大型住宅项目，其规模超过150万平方米，居住人口超过5万人，该住宅项目又分为5个相对独立的园区，相继开发完成，该物业公司从第一个园区开始，陆续全部接管了这5个园区。在接管第一个园区时，该物业公司设立了项目物业服务中心，人员编制达108人，基本满足现场的需求。而随着第二个、第三个小区陆续接管，按照第一个园区的组织架构，5个园区全部接管后，人员编制将要达到540人，更重要的是会产生5个项目经理，内部管理也将产生5套管理班子。这样的架构下，不但人力成本大幅增加，一旦某个园区发生紧急事件，其他园区很难做到第一时间响应与配合。同时，各个园区之间也很难达到协调与统一，尽管人员配置充足，但臃肿的管理架构，反而降低了管理效率，影响了服务品质。因此，该物业公司迅速调整了组织架构，统一采取大区管理模式，将管理架构精简为一套管理班子，并将保安、保洁、绿化、工程等一线人员进行了精简与整合，将5个园区整体人员编制降低至490人。每个园区之间都能够形成联动，减编同时，大幅提高了管理效率。

岗位配置不在于人数的多与少，而在于是否适合项目的管理需求，是否能够满足提高效率、提升品质的实际需求。

二、人与人工智能

从阿尔法狗作为第一个击败人类职业围棋选手的人工智能机器人开始，我们看到科技力量已不容忽视，无人机、3D打印房屋、智能机器人、智能安防……人工智能技术已渐成为企业降低成本、提高效率的利器。2016年，富士康工厂就将昆山工厂的工人数量从11万减少到了5万人，用机器人取代大部分工人。由此引发的连锁效应，多达600家企业表示计划引进机器工人，以昆山共计4800家台湾企业为例，如果机器人替代人力计划进展顺利，将会减少250万的工人编制。

事实上，物业公司通过采取高科技手段、智能化设备提高管理效率，减少人员编制已有不少成功的案例。例如，车辆自动识别道闸、自动缴费机与缴费App、无人机巡逻、安防机器人、各式自动清扫机等智能化设备，都在节省人力的同时，提高了管理效率。随着安防机器人的研发成熟与应用，未来保安也极有可能被机器人替代。

日前，微软举办的开发者大会就推出一款针对安防监控的黑科技——"AI for workplace safety"（用AI保障工作场所安全）。这款设备能够结合监控摄像机、云服务和AI技术，对工作场所里发生的每一个事件、每一样物件、每一个人进行监控。假设在某处角落，一个装有化学原料的桶被人无意弄倒，如果没人及时发现，就很可能会引发严重事故。而AI监控，就会将这个事件用摄像头及时地捕捉下来，通过云即时发送给相关负责人，负责人就能立刻做出相应的反应。这项技术如果应用于物业管理，将能够大大提高物业公司在项目管理上的监控功效，充分减少因人力安防盲区造成的风险与隐患。

越来越多的住宅项目积极引进各种智能化设备，在没有增加人员编制的情况下，满足业主更多需求，提升了服务品质。例如，智能售菜机、自助洗车机、自助洗衣柜等。在银川、南通等一些小区的大门，还安装了刷脸门禁，保安只要坐在值班室，盯着智能人脸识别门禁系统，就能够实时了解进入小区的人员情况。陌生人来访，也会在系统上及时发出提示信息。

三、服务品质靠的是管理，管理是个技术活

任正非在人工智能应用GTS研讨会上说："华为在业务扩张中，人员不按线性扩张就成功了。实现低成本高质量，才是最后的赢家。"而实现低成本高质量，靠的既不是加人也不是减人，而是管理。无论是对管理架构的优化，还是对人工智能的应用，物业管理企业需要的是充分的调研、科学的测算、合理的应用、定期的评测。完成这一切，靠的都是管理手段。

究其本质，品质靠的不是教条式的约定。餐厅的饭菜好吃自然有客户捧场，餐厅的饭菜难吃，厨师再年轻、再多也枉然。市场有市场衡量的标准，业主有业主评估的尺度，企业要有企业的管理手段。

（本文发表于《现代物业》2017年06期，文章名为"高成本才能高品质？"，于2021年5月编辑整理）

后记

人数=品质，这个逻辑是不成立的，即便"品质不够人来凑"是有效的，那也是低效的！不值得提倡。高成本高品质的输出，没有商业价值，更没有竞争力，这是一个常识性的逻辑。

管理费用的高低不仅关乎企业成本，还反映了企业的管理效率和水平。

物业管理企业管理费用的成本控制

行政办公管理费用是企业正在发生的各项费用中的一个重要组成部分。这项费用是物业管理企业在运营的过程中必然会发生的支出。根据企业和项目规模大小的不同，管理费用也有所不同。如何在已有的管理条件下，最大限度地减少开支，增加管理效率，提高控制效果，成为一个迫切需要解决的问题。行政费用的控制之所以是企业成本管理中的一项重要内容，是因为管理费用属于企业非生产性支出，不掌握好尺度，很容易形成浪费。但实际运作过程中，物业管理企业向来以项目运营为重心，对行政管理费用的控制常缺乏心得和技术方法。

常见的管理费用包括：行政管理人员的相关成本、办公成本（包括办公设备设施、文具复印打印等）以及会务费、差旅费、通信费、交通工具使用费、接待费等。对于物业管理企业而言，还有员工活动费、职工培训费用等。管理费用比较分散，相应的管理方法也很多，名称五花八门，通常适合于物业管理企业的管理成本控制方法总结起来有这么几种。

一、逐项申报，审批控制

由费用使用者在费用发生前按照流程向费用主管部门申请，经逐级审批同意后实施。在实际应用中，通常为一事一批。这种方式一般比较适合中小型物业管理企业，因为中小型物业管理企业通常管理费用额度不大,这种方式可以满足管理需求。它的优点在于控制方式简单易操作,费用的控制性强。缺点在于申请审批频繁,审批工作量大,管理效率低。

其实,不仅行政管理费用,很多中小型物业管理企业的所有营运费用都是按照这种方式来控制的。营运费用不同于行政管理费用,急迫性更强,采用这种方式控制在一定程度上存在滞后性,不能满足现场的需求。但是管理费用则很少存在这个问题。这种控制方式使用比较普遍,但是效率低,有很大的局限性。

二、定量包干,总额控制

以使用单位为费用单元,按照费用总额下达指标。这种方法的特点是将部门或项目需要发生的各项费用"捆绑"在一起,只考核总额。在制定行政成本控制指标时,可以采取定额或定比例等方式确定行政成本的控制目标。

例1

某物业公司确定年度管理费总额21万元,其中行政部5万元,人事部3万元,财务部4万元,营运部6万元,经营部3万元。见表3-1。

表3-1 某物业公司年度管理费

单位:万元

费用项目		行政部	人事部	财务部	营运部	经营部	……
管理费用	办公费	5	3	4	6	3	……
	差旅费						
	招待费						
	材料费						
	……						

- 89 -

各指标下达给各部门后,具体管理费用中每项费用发生多少,什么期间发生,由各部门自主管理。

这种方式的优点是综合指标确定相对简单,使用时比较灵活,费用使用部门具有更大的自主权。缺点是单项费用无约束,管理粗放,只适合于小型物业管理企业。

三、双重分解,考核控制

企业年初在制定成本目标时,不仅是给各项成本的主管部门下达成本目标,同时各主管部门也将成本目标层层分解到各单位、各部门。

例2

某物业公司年度差旅费目标为20万元,分解给总裁办4万元、人事部2万元、财务部2万元、运营部6万元、品质部6万元。年终考核行政成本中的差旅成本时,既要考核差旅费的审批主管部门总裁办,也要考核其他各个部门。见表3-2。

表3-2 某物业公司年度行政管理费用控制目标

单位:万元

部门 费用 类别	总裁办	人事部	财务部	运营部	品质部	……	合计	负责部门
办公用品费	2	2	2	2	2	……	12	人事部
差旅费	4	2	2	6	6	……	40	运营部
通信费	2	3	4	3	3	……	30	财务部
招待费	3	1	1	2	2	……	18	总裁办

各部门在使用各行政费用时,在指标内不需要再申请和审批即可以使用该项费用。同时,主管审批各项行政费用的部门每月

应将相关费用的台账上报财务部门。

这种控制方式优点是指标精度高，控制力强。单项费用总额、各部门费用总额、各部门单项费用都很清楚，为费用支出分析提供了可靠数据。缺点是指标确定、分配和控制过程相对复杂。

四、统一采购，集中控制

针对行政管理费用分散、额度小的特点，可以采用统一购置、集中管理的形式，按照部门或项目的实际需要分配实物用品。例如物业管理企业经常采购的办公所需的各种笔、稿纸、打印纸、笔记本、纸篓、拖把等，以及硒鼓、光盘、电源插座等材料等，可以通过统一购置、集中管理、统一分配发放的方式，根据各项目或各部门的实际需要分配。统一采购，既能够降低企业的采购成本，也可以减少多头采购增加的管理成本。

这种管理方式的优点是统购价格较低、领用方便、可减少多头采购可能产生的作弊行为。缺点是适用费用较少，无法广泛使用；统购、集中管理增加了管理成本；先购后用，容易造成物料积压。

五、预算管理，系统控制

上述费用控制方式各有优缺点和适用性，如果和全面预算管理相结合，则可发挥更大作用。全面预算管理是物业管理企业实施内部控制、防范风险的重要手段和措施。成本预算是企业全面预算的重要核心内容。通过成本预算，可以增收节支、开源节流、严格控制成本费用。企业在编制年度费用预算的同时，也是从源头开展公司内部的行政管理费用的管控工作。企业在制定年度预算时，应参照基期行政管理费用的消耗水平，在对基期行政管理费用实际完成情况认真分析的基础上，考虑预算期各种变化因素和业务发展计划，进行综合测算，确定预算期的目标行政管理费用和各项费用预算指标，编制行政管理费用的预算，并将该指标层层分解落实到各责任单位,通过日常动态检查、月度考核、季度考核等方式控制行政管理费用。能够有效实施全面预算管理的企业,其成本管控的水平往往也很高。

六、成本分析,改善控制

企业在开展成本管控工作的同时,也需要建立成本费用分析制度,采用因素分析、对比分析、趋势分析、比率分析等经济技术分析方法,定期对成本费用的管控进行分析,主要分析成本目标与实际的差异、成本结构、影响成本的重要指标等内容,将实际发生与预算指标、上年实际指标、行业先进指标等进行对比分析,找出差异并分析产生差异的原因,从而掌握成本变动的规律及影响成本的根源,制订改善及应对方案,不断降低成本。

在物业管理企业的各项成本中,行政成本看起来并不如人力成本和能源成本所占比重较大,但如果不能有效地控制好这一项成本,随着企业的不断扩大,对企业的行政管理工作和企业的发展都会产生十分不利的影响。而不少物业管理企业的行政管理水平低下更是造成行政成本过高的根源。对行政成本管控水平的高低在一定程度上也反映了企业管理效率和管理水平的高低。

(本文发表于《现代物业》2017年01期,文章名为"管理费用的成本控制",于2021年5月编辑整理)

后记

管理费用作为一项间接费用,往往被企业忽略,从而形成两极分化的趋势。要么控制得过紧,应该发生的支出,特别是战略性支出(比如培训费)没有发生,从而影响企业的发展后劲。要么是管控过松,导致管理费用占比过高,严重影响了企业效率,甚至成为企业发展的障碍。

> 基于物业管理行业的特征，降低采购成本提高利润这一渠道对于物业管理企业更具有战略意义和现实意义。

物业管理企业采购成本管理的误区

采购对于企业的重要性是不言而喻的。无论什么性质、什么类型的企业，经营什么业务的企业，采购都是不可或缺的，因为完全自给自足的情况在当前社会大分工的背景下几乎不存在。但是，由于物业管理企业的主要成本是人力成本，基于对采购的认识误区，采购管理普遍比较薄弱，未得到应有的重视。

采购是指在市场经济条件下，企业为获取所需商品，对获取商品的渠道、方式、质量、价格、时间等进行预测、抉择，把货币资金转换成商品的流通过程。采购成本则是企业采购物资的价格和费用的总和，是企业成本的重要组成部分。中国的工业企业各种物资的采购成本可以占到企业销售成本的70%左右，因此在工业企业采购成本管理得到了高度重视。相对来说，人力成本占绝对比重的服务业，则往往忽视了采购成本管理。事实上，采购成本对于两者的重要性是一致的。

例1

A公司为工业企业，其销售收入中，70%为各种物资的采购成本，5%为利润，25%为其他各种耗费。也就是说，每销售100元，其中有70元用于采购成本，25元用于其他成本，5元是利润，见表3-3。

表3-3 某工业企业公司成本构成

单位：元

项目	金额	增加1元利润后的金额
销售收入	100	120
采购成本	70	84
其他成本	25	30
利润	5	6

如果A公司想将5元利润增加至6元，则需将销售收入增加20%至120元，如表3-3第3列所示。这是通过增加销售的方式来提高利润。如果通过降低采购成本的方式来提高利润，则只需降低采购成本1元，即可获得同样的效果：

销售收入：100元 采购成本：69元 其他成本：25元 利润：6元

销售收入增长20%与采购成本降低1.4%之间的比较，前者的难度应数倍于后者。这是在采购成本比重比较大的制造业。在劳动密集型的服务业，情况是不是会不一样呢？

例2

B公司为物业管理企业，其营业收入结构中，25%为各种物资的采购成本，10%为利润，65%为其他各种耗费。即每100元收入中，25元用于采购，65元用于人力等其他成本，10元为利润，见表3-4。

表3-4 某物业管理企业公司成本构成

单位：元

项目	金额	增加1元利润后的金额	降幅
营业收入	100	100	—
采购成本	25	24	-4%
其他成本	65	65	—
利润	10	11	—

如果B公司想增加1元利润，也可以通过降低采购成本的方式，如表3-4中将采购成本由25元降低至24元，降幅为4%。和工业企业不同的是，物业管理企业采购管理一直处于粗放状态。采购成本的优化空间非常大！物业管理企业采购成本降低4%，比制造业采购成本降低1.4%，可能容易得多。而且对于物业管理主营业务来说，现有主营业务收入的增长是受到客观条件的限制，这点和纯市场调节的商品销售有很大的区别。降低采购成本提高利润这一渠道对于物业管理企业更具有战略意义和现实意义。

物业管理企业之所以采购管理薄弱，与其对采购的认识误区是分不开的。普遍存在的误区产生了错误的认识，错误的认识指导了错误的管理实践。

误区一 采购价格误区

该误区主要体现是认为成本就是价格，采购价格越低越好。采购商品的价格是采购成本的重要组成部分，采购商品的价格越低，采购成本越低，因此采购商品的价格越低越好。很多人都有意无意地持有这种观念，其实这种采购管理意识是错误的。道理很简单，不同价格的商品功能不同，性价比不同，商品价格的高低不代表使用成本的高低。很多时候价格低的商品使用成本可能更高。

例3

B公司管理的×住宅小区拟采购日光灯管，备选了甲乙两个品牌的同一种产品，技术参数基本一致，都能满足小区的实际需求，只是甲品牌价格比较实惠，5元/支；乙品牌市场美誉度高，价格10元/支。根据上述情况，很多人都会选择甲作为企业的采购商品，"同等质量条件下，价低者得"！这不是很多公司的采购原则吗？真的是最好选择吗？

根据使用经验，我们知道甲灯管在该小区的使用环境下平均寿命是3个月，乙灯管在同等条件下的使用寿命是10个月。见表3-5。

表3-5　某公司采购灯管月使用成本

	单价（元／支）	平均寿命（月）	月成本（元）
甲	6	3	2
乙	10	10	1

每支甲灯管的月使用成本为2元，乙灯管的月使用成本为1元，更好的选择是采购价格更高的乙灯管，而非便宜的甲灯管。

误区二　采购付款误区

不知从何时起，国内企业之间相互拖欠货款成风，变成了司空见惯的常态。物业管理企业也不例外，对供应商的欠款程度也越来越严重。部分财务人员甚至美其名曰"控制财务成本"。且不说这种随意拖欠供应商的行为对企业品牌和社会形象的损害，这种行为本身就会提高企业的采购成本。

通常供应商对外报价都会考虑付款因素，现销和赊销的价格是不同的，赊销期限的长短报价也各不相同，只不过这种因素有时是显性存在，有时是隐性存在。因为供应商本身也有资金成本。

例4

C公司为B公司的清洁用品供应商，其最初在与B公司签订供应合同时，B公司明确付款条件为月结15天。其实如果B公司选择月结30天、60天等其他付款方式，C公司报价也会有相应的调整。B公司常规月度采购用品，C公司根据自身情况确定的结算价见表3-6。

表3-6 某公司付款方式及结算价格

序号	付款方式	金额（万元）
1	月结15天	20 000
2	月结30天	20 400
3	月结60天	20 800
4	月结90天	21 200
5	超过月结90天	谢绝合作

B公司与C公司正常的结算价为每月20 000元，由于B公司随意拖欠C公司货款，增加了C公司的资金成本和经营压力。C公司在后期供货时就会提高自己的供货价。由于B公司经常拖欠货款至3个月后付款，C公司提价后的结算价为21 200元，B公司采购成本增加了6%。当然，C公司提价还有一种隐形的方式，即名义结算价仍为20 000元，可是实际送货质量已经大打折扣，货物性价比低，使得B公司使用成本更高。更糟糕的是，因为长期拖欠货款的名声在外，B公司除了供应商选择比较小，而且无论选择哪家供应商，其收到的报价都会高于市场价，这就是违约成本。

误区三 "货比三家"的误区

"货比三家"是通俗的说法，在采购管理中，称之为"询价采购"。很多企业在采购审批程序中都要求必须"货比三家"。通常负责采购的工作人员申报采购方案时都要提供至少3家报价，管理者审批就看有没有3家的比价，再选一个价格合适的（绝大多数时候是选价格最低的那一个）。这个办法很简单，被很多企业和管理专家采用。

但是在实践中这样的管理方法经常失灵。这3家是怎样选出来的？这3家是否有代表性？会不会有申报者通过操纵报价信息影响审批者决策的情形？

为什么"货比三家"不管用？这并不是"询价采购"方式本身的问题。采购管理也是个系统的管理工作，如果没有配套的合格供应商管理机制，没有公开透明的采购流程和信息，单纯的"货比三家"只会流于形式。表面上看采购的管理者最终签字选择供应商，拥有绝对的决策权。但实际上采购人员可以自由询价，拥有实际的决策权。没有完善的采购管理，"货比三家"只是徒劳。

误区四 采购信息的误区

行业管理者大多是经验主义者，喜欢通过同行交流、标杆企业对标的方式获取信息。对市场信息的获取主要通过报纸、电视、广告等传统途径，难以提炼出对企业有用的信息，对企业不能起到真正意义上的决策作用。采购管理是一项战略性工作，没有对社会发展趋势的把握、对客户需求信息的掌握、对供应商发展计划的了解，特别是在新产品的研发、旧产品的改造、新市场的开拓等方面的跟进，就不可能有真正的企业战略决策。

在日常企业管理实践中这样的误区很多，上述误区是行业实践中常见的，而且对我们日常采购行为影响比较大的项目。

采购成本管理是企业成本改善的一个分支，其目的并不在于降低绝对成本水平，而在于发挥管理的最大效能，提高企业的生产效率，让企业走得更远更好。当然，要想达到这个目标，首先我们得走出误区的沼泽。

（本文发表于《住宅与房地产》2016年28期，文章名为"采购成本管理的误区"，于2021年5月编辑整理）

后记

采购成本对物业管理企业的重要性，要比我们想象中大。采购不仅是指购买物资，更包括各类供应商的选择。

正确选择第三方采购，既能够降低企业成本，还能够提高管理效率。行业对于第三方采购，需要打破思维观念的局限性。

物业管理行业的第三方采购

在物业管理企业的成本构成中，人力成本占据了较大的比重，其次是能耗成本，大多数企业都比较重视这两项成本的控制，对采购成本的控制相对薄弱。事实上，企业采购不仅包括物质的采购，还包括各种供应商的选择。因此采购成本也是需要物业管理企业重点关注的成本控制对象，其重要程度仅次于人力成本和能源成本。有效降低采购成本甚至比增加营业收入更容易实现提高企业经营利润的目的。

目前，企业采购通常有两种方式：一种是直接采购，即企业直接向供应商进行采购。另一种是间接采购，企业在关注自身核心竞争力的同时，将全部或部分的采购业务活动外包给供应商，采购人员可以通过自身分析和理解供应市场相关的知识，来辅助管理人员进行决策，也就是采购外包。

采购外包就属于第三方采购，与企业自己进行采购相比，第三方采购可以提供更多的价值和购买经验，可以帮助企业集中精力专注于核心竞争业务。

美国地方政府采购联盟就是一家第三方采购组织，有7 000多家政府企业加入了这个采购组织，直接采购成本降低了15%以上；Amerinet是美国最大的医院和诊所的采购组织，能平均为其客户降低近20%的采购成本。

知名的零售商沃尔玛为了整合采购供应链效益、控制成本，也采取了第三方采购战略。2010年，沃尔玛与中国的香港利丰集团签订了一系列的采购安排协议，将采购业务全权委托给第三方香港利丰来经营。利丰极大地弥补了沃尔玛全球采购战略的薄弱环节，尤其是其专业水平和强劲资源，使沃尔玛在商品采购价格上更具竞争力。同时，也使得沃尔玛能够更专注于零售业务的发展。

相对于传统的采购模式，第三方采购的优势非常明显。

第一，更能实现节约采购直接成本的目的。

第二，充分利用第三方的专业水平，更能保证采购物资的质量。

第三，减少内部流通环节和交易时间，能够提供更为快捷的服务。

第四，能够有效防止物资采购中的腐败行为。

第五，将非核心业务外包，更能充分发挥企业的核心能力。

事实上，第三方采购也已经逐渐成为企业最重要的一个采购方式。物业管理企业很多采购项目都可以选择第三方采购的方式。

一、专业设备设施的采购

物业管理行业中很多投入的设备、机器都属于专业设备。例如，清洁用的扫地机、洗地机、专业灯具、安防器材，还有智能安防、智能停车系统等智能化设备设施。对这类设备设施，常规的做法是通过各种途径寻找供应商直接采购，这样的采购方式往往不能够对采购项目进行充分的、专业的评估，单一谈判购买在采购成本上也难以获得优势。此外，一些大型的设备设施只能通过代理商购买。因此，将专业设备设施的采购工作委托给更专业的第三方采购机构，更有利于提高采购质量和控制采购成本。

不过，第三方采购并不仅仅是采购外包，企业还可以将本应由自己完成的不擅长的、不愿意做的或者价值不大的非核心业务外包给专业的第三方来完成，亦属于第三方采购。

二、工程技术服务委外

物业公司管理的电梯的维护保养，根据相关法律政策的规定，必须由专业的、具备资质的电梯维保机构来完成。尽管电梯维保成本比较高，物业管理企业仍然需要将这项工程技术委外。类似地，还有对于一些大型维修、高空清洁作业等项目的外包，都属于第三方采购行为。

三、人力资源外包

行业中最常见的就是将保安、保洁、绿化等基本业务交给第三方运营，利用这些"外包"公司已经形成的专业化、规模化优势，使运营成本更低、质量更优、管理水平更高。物业管理企业将人力资源部分外包，通常还可以达成两个目的：一是转移劳务风险，二是减轻管理负担。但在实践中，一些专业化外包公司的服务质量往往还不如物业公司自身。这是由于企业所选择的外包公司自身大多还没有真正形成专业化和规模化优势，其成本控制、质量水平与物业公司并无差距，甚至只是在人数上做文章。但是也有少数企业第三方外包的实践效果不错。因此，选择合适的第三方机构是关键。

四、专业咨询机构

物业管理企业聘请顾问咨询公司也是一种常见的第三方采购行为。例如，中小型企业自己不具备做投标方案的能力，需要聘请顾问公司协助制作投标文件；企业的运营管理体系不完善，通过聘请顾问公司编制一套运营管理的体系文件等；企业成本管控差或盈利能力弱，通过聘请咨询机构提供落地咨询提高企业的成本管控能力、提升经营效益等。这些都相当于企业将一部分运营管理业务外包给了第三方。至于实践中效果的好坏，取决于提供服务的咨询方能否把握企业的需求，提供切实可行的方案。

五、聘请培训机构开展企业内训

行业企业的管理骨干大多是从基层培养起来的，为了适应企业更快速地发展和日益扩大的规模，企业越来越注重对管理骨干的培养，但企业内部的培训部门往往缺乏对培训主题和内容的把握，缺乏优秀的培训师资，因此不少企业选择与各家培训机构合作，或长期输送管理骨干参加培训机构的各类专题培训，或直接聘请培训讲师到企业开展内训。这也属于外包部分培训工作，这种方式在行业里也不少见。

六、财务管理咨询

目前市场上大多数物业管理企业在其成立之初主要精力都投入项目管理和具体业务管理上，缺乏对财务管理系统的规划，缺少专业的财务管理人员，甚至一些物业公司连基础的财务管理核算工作都做不好。企业重要的经营决策、成本管控、税务筹划等往往不能够得到财务系统的支持。在企业成立初期这些问题还不明显，而随着企业的发展规模越来越大，缺乏健全的财务管理体系的弊端就越发突出。无论是聘请品牌的财务咨询公司还是聘请高水平的专业的财务管理人员，都要付出较高的成本，对于大多数中小型的物业管理企业来说都难以承受。而企业内部的管理机制又不能够快速培养专业的财务管理干部。这时也可以选择第三方采购的方式。很多与我们合作的物业管理企业就是鉴于财务或经营管理的问题，与我们开展了财务咨询合作，通过我们的落地辅导，系统地帮助企业解决财务管理体系的规范建设、经营决策、财务风险的防范等一系列问题。

表3-7中是企业常见的三种选择，从表中可以看出最快且成本最低的方案是财务管理咨询。尽管行业里高水平的财务管理咨询公司凤毛麟角，但企业仍然可以将选择合适的财务管理咨询专家作为快速解决财务管理问题、提升企业经营管理水平的首选。

表3-7 专业财务管理骨干培训成本对比

	自行培养	招聘	财务管理咨询
年费用（万元）	6~15	24~50	5~15
需要时间（年）	3~5	1	1
总费用（万元）	30~75	24~50	5~15

根据发文时间的行情信息整理。

合理选择第三方采购方式，既可以降低企业的采购成本、采购风险，又有助于解决企业在非核心业务方面的水平不足，充分发挥企业的核心优势。但是，选择第三方采购的方式对企业来说也是有条件的，其中最重要的条件就是要结合企业自身的实际情况选择合适的第三方。此外，企业自身也需要提升对供应商的管理水平，包括对第三方的评估、筛选和管理。

（本文发表于《住宅与房地产》2017年04期，文章名为"物业管理行业的第三方采购"，于2021年5月编辑整理）

后记

第三方采购是采购的一种特殊形式，使用得好能更快速、有效地解决企业的问题，产生更好的效率，也是实现借用"外脑"的便捷方式。

人力成本管控不是简单的加减法，只有把简单的逻辑量化才能准确地进行计算和判断。

物业管理行业的人力成本解析与管控

国家统计局数据显示，2009年至2013年，中国劳动力报酬年均增长11.7%，超过同期GDP增长率约3%。劳动者报酬占人均国民总收入（GNI）比重也从2011年的49%提升到2013年的51.1%。物业管理行业作为劳动密集型行业，人力成本占据其成本的大部分。常见人力成本占企业总成本高达60%~80%，人力成本成为物业管理企业最主要的成本支出，工资水平的逐年上涨也成为行业企业不堪重负的常见理由。事实上，在物业管理费收费标准多年未上涨的情况下，市场上也并未出现企业普遍的经营困难。

物业管理的人员主要集中在基层，也就是常说的"保安、保洁、保绿、保修"四大基础业务上，主要以计时为主。可以简单概括为：

人力成本（元）=人员数量（人）×单位人员平均工资成本（元/人）

单位人员平均工资成本主要是由劳动力市场决定的，虽然有区域分布和区域差异，但是呈现出刚性上涨的明显趋势。企业对此只能适应和调整。而人员数量是由项目现场需求、质量要求和企业管理水平决定的，可以表示为：

人员数量（人）=总工作量（人天[①]）÷单位人员的工作效

---

① "人天"指一个人工作一天的工作量。

率（人天/人）

人员数量的总工作量、单位人员的工作效率在一定条件下企业都是可以主动调整的。

例1

一个24小时值守的护卫门岗的月工作量按照标准工时8小时计算，可以表示为24÷8×30=90（人天）；按照法定节假日及休息日的规定，每个人员每年工作时间250天，平均每月20.8天，即每个护卫工作效率为20.8人天/人。则每个门岗所需：

人员数量=90÷20.8=4.33（人）

假设每个护卫平均每月工资标准为2500元，那么：

门岗人力成本为：4.33×2500=10825（元）

综上所述，人力成本受到单位人员工资水平、总工作量、人员工作效率三个因素影响，因此控制人力成本就有三个途径。

一、降低工资标准

由于受到劳动力市场的刚性约束，降低工资标准一般很难实现，很多企业的现实选择是工资长期不做调整，相当于变相降低了工资标准。这个途径不是我们所提倡的，且有很大的负面效应。企业通过这个途径很难真正达到成本改善的目标。

二、减少工作总量

在不影响管理标准的情况下，工作量看似很难减少，其实不然。

例2

将例1中24小时有人值守岗调整为18小时有人加6小时无人值守岗。由于夜间6小时门岗工作量几乎为0，可以通过技防手段，结合值班岗，替代门岗。此时一个门岗：

月工作量=18÷8×30=67.5（人天）

人员数量=67.5÷20.8=3.25（人）

人力成本=3.25×2500=8125（元）

相比之前的人力成本，一个岗位月成本降低了2 700元，减少了25%。总工作量的调整带来了人力成本的显著降低。

三、提高单位人员的工作效率

提高劳动效率是人力成本改善的最根本途径，应长期实施。

例3

假设一栋住宅楼楼道保洁需要16个标准工时，每天清洁一次，即一栋住宅楼的楼道保洁月工作量为，16÷8×30=60（人天）。

假设保洁员每月工作时间也同例1，即月平均20.8天（实际上多数企业并非如此），则人员数量=60÷20.8=2.88（人）。

假设保洁员平均工资1 800元，则1栋住宅楼楼道保洁人力成本为，2.88×1800=5184元。

但是，随着保洁员熟练程度和积极性的提高，同样8小时工作时间却可以完成12小时的标准工作量。则保洁员同样每月工作20.8天的工作效率就不再是20.8，而是20.8×12÷8=31.2人天/人。则：

月工作量=16÷8×30=60（人天）

人员数量=60÷31.2=1.92（人）

人力成本=1.92×1800=3456（元）

通俗地说，就是原来需要2个人8小时完成1栋楼的保洁，随着效率的提高，现在2人8小时可以完成1.5栋楼的保洁，人工成本下降了37%。工作效率的提高带来人力成本降低的效果非常明显。

这个道理说起来似乎很简单，但是如果不进行量化分析，还是有可能产生错误的判断和决策。上述案例中关于人员数量的计算结果，都不是整数，例如例1中的4.33人。那么，0.33人在实际中如何安排？

理论上来说，有两种方式：第一种方式是0.33人的工作量分配给其余4人，通过延长劳动时间（加班）来解决，不再安排第5人；第二种方式是新增第5人作为轮流岗，完成多个岗位的不饱和工作量。实践中很多企业会选择第一种方式，其理由是第一种方式不用新增人员，充分发挥现有人员的作用，可以节约用工成本，从而节约人力成本。那么，真是这样吗？

例4

根据例1资料，一个门岗只安排4人，其余时间安排加班解决定编缺口。

4人的月工作量=20.8×4=83.2（人天）

需加班工作量=90-83.2=6.8（人天）

为了减少加班费支出，所有的加班都安排在平时时间（非周末及节假日），加班费按正常工资的1.5倍支出。则：

一个门岗加班成本=2500÷20.8×6.8×1.5=1226（元）

三个门岗加班成本=1226×3=3678（元）

例5

根据例1资料，三个门岗安排13人，新增1人。

新增1人的工作量=6.8×3=20.4（人天）

新增人力成本=2500÷20.8×20.4=2452（元）

例5中，新增人员工资成本远低于例4中的加班成本，不过新增人员除了工资成本外，还要考虑社保成本。社保的缴纳标准各地不同，大多在计费工资的40%左右。

新增人员社保成本=2500×40%=1000元（事实上全国各地最低缴费基数大都低于此数）

新增成本合计=2452+1000=3452<3678

通过例4和例5的比较，可以看出第一种方式并不节约成本，相反成本可能更高。**只有把简单的逻辑量化后我们才能进行准确**

的计算和判断。降低工作总量和提升工作效率在实践中有很多具体的方式，只有进行了上述量化分析后，我们才能得出正确的结论，对人力成本的影响才有一个客观正确的认识。按照上述思路，大部分行业企业人力成本尚有改善的空间。

2016年5月10日，由中国社会科学院经济学部发布的《经济蓝皮书春季号：2016年中国经济前景分析》指出，在改革开放以来很长一段时期里，低成本优势一直是中国制造在全球竞争中获胜的关键因素之一。然而，到了今天这种优势已经逐步丧失。目前中国很多地区尤其是东部地区，工人工资水平已远超东南亚国家。过去，中国制造企业发展习惯于走高投入、高消耗、低附加值的发展道路，为了实现工业化快速发展，长期实行低工资和低福利，通过压低劳动报酬，保证高投资率和高收益率，由此获得资本的原始积累、实现利润持续增长。而物业管理行业则是低投入、低附加值的发展模式，两种模式在新的市场环境下都面临着调整。长远来说创新业务模式，提升盈利能力是必然的。从本质来说，解决企业人力成本问题就是解决企业的发展问题。

（本文发表于《住宅与房地产》2016年06期，文章名为"行业基础人力成本解析"，于2021年5月编辑整理）

后记

对于物业管理企业来说，人力成本无疑是最重要的成本种类！我们首先要打破的认知误区：把减员降薪当作优化人力成本的方向。人力成本改善的核心应该是提高效率！物业管理企业整体上成本管理水平较低，这是由过去的成长基因决定的，好处是目前企业在此方面还有很大的提升空间。这也是成本改善及人力成本改善课程一直比较受欢迎的原因所在。

第四章

物业管理企业的预算管理和数据解读

- 戴维·奥利:全面预算管理是为数不多几个能把组织的所有关键问题融合于一个体系之中的管理控制方法。
- 稻盛和夫:所谓经营,数字便是一切。不懂财务数据怎能经营企业?
- 美国通用电气公司(GE)前CEO杰克·韦尔奇:只有当你能用数字评价并表达你所讲的内容,你才对它有所了解;如果你无法用数字表达你所知道的东西,那么你实际上所知无多;如果你所知无多,就无法管理企业。
- 预算就是在管理中让数据说话。

> 很多物业公司都认为必须要做预算，但却并不清楚为什么要做预算，该怎样做预算。往往最终做的预算就是一个形式。

物业管理行业预算管理的误区

引子

一转眼，全年的前三个季度已经过去了，Z公司各项目在盘点业绩的同时，也开始准备下一年的经营计划和预算了。为此，Z公司总经理在查阅了前三季度的经营数据和第四季度的冲刺目标后，认为今年的经营目标完成1.6亿基本上没有问题，而今年年初制定的目标才不过1.2亿。

"嗯，目标显然是定低了，难怪各项目负责人都一脸喜色，超额完成任务意味着年底可以多发奖金啊！"总经理开始思忖："明年的目标该定多少呢？显然不能像今年这样，各部门轻轻松松就达成目标了！"

思虑一番，总经理一拍脑袋，按照公司快速扩大规模发展的趋势，明年的目标保守估计，至少也得在今年实现目标的基础上翻一倍，那就定3.2亿吧！于是，Z公司总经理立刻组织开会，要求各项目、各部门负责人按此经营目标来制订明年的经营计划和预算。

这下子，各项目、各部门的负责人开始头疼了。

市场部首先发难："哇，目标翻了一倍，那宣传推广、公关费用的预算也得涨一倍吧？不然，现在市场竞争这么激烈，我可无法保证目标翻番啊！"

营运部门表示:"现在市场竞争激烈,常常是计划不如变化快,不可控的因素太多了!"

各项目负责人:"营收要增加一倍,可是成本也在涨啊,明年不少项目的设备设施的维保期都即将结束,仅设备设施的成本就要比今年增加不少,在考虑经营目标的同时,也不能不考虑成本增加的因素哦。"

人力资源部也紧跟着发声:"现在不仅人力成本上涨,社保也要跟着涨了,况且各项目对人员素质要求也越来越高,要实现经营目标,光靠降低成本可不行,关键还是市场部要多接项目呀!"

财务部最终也忍不住发言:"今年各项目和各部门的费用支出,都有超预算的现象,当然,最终大家都走了绿色通道(总经理特批)来解决,也请大家在做明年的费用预算时,都考虑仔细,明年财务部会对费用审批更加严格,到时各部门可别又说财务部难沟通。"

一番争论下来,尽管各说各的理,但总经理既然已经下达了经营目标,每位负责人最终也只能硬着头皮作各自的计划和预算了。反正最终的结果,不是像今年这样大家都轻松实现了目标,就是像去年那样大家都完不成目标,反正法不责众嘛,最终到了年底,公司总还是要体恤大家的苦劳,该发奖金发奖金。于是乎,大家也就不再争论了,讨论会一结束,该做什么就去做什么了。

像这样的场景在很多物业公司都并不罕见。原因就在于:很多物业公司都认为必须要做预算,但却并不清楚为什么要做预算,该怎样做预算。最终就形成了这样似是而非的现状。

预算管理的定义

预算就是根据企业的战略目标,对企业的战略规划、行动计划进行分解和量化,并测算出相应的收入与支出等数据,据此实施对目标和考核的管理工作。简单地说,预算就是以价值形式对企业的经营活动与财务活动做出具体的安排。预算管理就是采用价值形式对企业经营活动进行预测、决策和目标控制的管理方式。

没有预算，就像一个人盲目行走，不知道目的地有多远，不知道自己身上有多少粮食，能支撑多久，也不知道距离下一个配给站有多远。

行业企业对于预算管理普遍都存在一些认识上的误区。

一、不理解、不重视预算

企业中常有人认为预算与公司战略关系不大，认为预算就是财务部的事，并不能提高本部门的运营效率和效益，甚至认为预算为本部门增加了负担，费时费力不说，真正开始工作时还容易"束手束脚"。不少人还认为计划不如变化快，市场因素不确定，即使做了预算也会流于形式，说到底，预算也只是做给上级领导看的，与实际工作并没啥关联，更加不重视预算。

因为不理解、不重视，大家对预算没有一个共同的认知，就会导致企业的预算管理失去实效，要么是大家为了预算怎么做而争论，要么就是即使作了预算也无法发挥积极的、有效的作用。企业要实施预算管理，就必须要使全员从意识上加强对预算的重视和理解。培训是一种手段，而更具实效的则是制度约束，与个人绩效相关的制度管理才能够持续推进预算管理的落地实施。

二、"拍脑袋"决定目标

现实中不少行业企业在制定目标时，都会像Z公司的总经理一样，靠直觉"拍脑袋"，还自认为是基于上年度的目标科学地作出的决策。这样的目标分解到各个部门，最终的结果就是人人都有目标，却都不知道这个目标是怎么来的。能不能实现？怎样才能达到？更加无法围绕目标制定可行的计划，作出来的预算也是无效的。还有些企业做预算不是基于目标来分解和量化，而是习惯性地凭经验，这样作出来的预算是非理性的，缺乏数据支持，往往也与"拍脑袋"无异。

预算管理是一项注重数据分析、理性思维的工作。企业需要有专门的预算管理组织、规范的管理制度和配套的绩效评价体系。成熟的企业，还需要有完善的历史数据支持预算管理工作。

三、混淆预算和预测

很多时候，管理者会将"预算"与"预测"相混淆。认为预算就是围绕目标制订计划，预测实施计划过程中的收支状况。这样制定的预算，在实施过程中往往存在很大的变数。每当市场出现变化时，执行预算的部门就会想："哦，没办法，计划不如变化快，超出预算或完不成目标也不能怪我。"这样下来，企业的预算管理就会完全流于形式，无法起到促进目标实现的作用。

预测是可能，预算是必须。管理者不能只完成可能的事，更重要的是要攻克那些不可能的任务。所以企业必须要把预算当成一个行动的纲领，使各部门都肩负起完成目标的责任，而不是将预算仅仅看成一张表。这样作出来的预算才是有效的、具有执行力的。

四、缺乏过程控制

还有一些公司年初制定了目标，各部门也都按要求编制了预算，可到了年底总结时一看，仍然没有达到预算管理的目标。原因是缺乏过程控制。很多管理者认为编制完了年度预算就是完成任务了。没有根据年度预算与工作计划，分解成季度、月度预算；也没有向下属的各部门、各级人员进行计划的讲解和提要求；有些管理者甚至把预算编制完后就干脆放进了抽屉里，继续该做什么做什么，导致预算和执行出现"两张皮"，预算根本没有发挥作用。

预算编制完成后，企业必须要将预算细化到具体的执行方案中，使每一位员工都清楚了解自身的工作计划与预算的关系。在预算执行的过程中，尤其在主客观因素发生变化时，关注执行与预算的偏差，及时校正或调整，从而保障团队始终向目标方向有序前进。

五、不重视预算调整与分析

无论预算编制多么科学，总有一些情况是无法预料的，就像Z公司运营部负责人所说的计划不如变化快。出现这种情况时，预算是否应该调整？很多物业管理企业也像Z公司一样，开设了所谓的"绿色通道"，其实就是超出预算的部分找老板签字特批。但这样一来，所有人超预算都找老板特批，原本制度下的压力就转嫁到了老板的身上，到了年终，老板反倒背负起了所有超预算、目标没有达成的责任。又或者财务部门比较强势，坚决不予调整预算，这种情况也容易导致公司失去一些市场机会，蒙受损失。

原则上公司制定的年度预算应保持较高的刚性，一般情况下不得随意调整，但当出现特殊情况或有重大影响的事件时，企业应该先通过内部挖潜或采取其他措施弥补，只有在实在无法弥补的情况下，才能作出预算调整的申请。

更重要的是，企业在预算执行的过程中，需要根据内外部环境的变化，根据年度预算的目标，对市场及业务活动进行监测和分析，从而对经营活动的执行情况进行有效控制。这些监测分析的数据累积也会使预算工作越来越精准。

六、预算考核难落实

无论预算编制得多科学，没有考核，预算就是一张废纸。像Z公司一样，尽管目标是总经理"拍脑袋"设定的，各部门也意见连连，但最终的结果仍然是不了了之，因为大家都清楚，反正怎么预算，年终也都不会有什么太大的影响，老板总会体恤大家的苦劳，该发奖金还会发奖金。因为没有考核！所以，目标和预算就都成了一纸空文。

所以,预算必须要依靠考核机构来支撑。企业需要成立专门的预算管理机构,并且将预算成效的指标与机构成员个人的收益挂钩,从而提高预算管理机构成员开展工作的积极性和有效性。除了财务部门的数据分析以外,人力部门还需要将预算考核列为绩效考核的重要部分,一方面能够将预算目标清楚传递给全公司各个岗位,从而让所有人的工作都围绕公司的整体目标进行。另一方面,通过考核能够使管理人员在执行过程中,随时掌握经营行为与目标之间的差距,提醒和帮助执行人员调整方向,提高效率和执行力。

企业在进行预算考核时,一定要明确考核的对象,将员工利益与企业的经营结果联结在一起。同时,预算考核不但要对各部门预算的执行结果进行考核,还要对预算的审批和调整进行考核,使预算管理机构也成为被考核的部门,避免出现预算被随意调整、更改的现象。

七、做预算并不等于预算管理

笔者在给物业管理企业作财务培训时,常常会有学员问我:企业该怎么样做预算?而之后在和学员深入交流的过程中却往往发现,实际上学员所问的并不是怎样做预算,而是怎样开展预算管理。做预算不等同于预算管理。

做预算,也就是企业编制预算的过程,只是企业开展全面预算管理系统工作中的一项内容。如果企业没有开展全面预算管理,没有成立专门的预算管理机构,没有针对预算管理的考核机制,那么,做预算就成了无用功。

企业在不同的发展阶段,对预算管理的要求也不相同。初创期的企业,成本意识是第一位的。而成熟期的企业,尤其像一些物业公司管理的项目越来越多,预收账款越来越多的时候,往往容易对企业的现金流和经营状况产生错觉,这时的预算管理则应该引导企业看清业务结构与经营状况。而当企业面临竞争激烈、经营压力大的情况时，此时的预算管理要做的就是及时引导企业转型，转向更具发展潜力的投资方向。

（本文发表于《现代物业》2016年08期，文章名为"物业管理行业预算管理的误区"，于2021年5月编辑整理）

> 制订年度经营目标是个技术活,目标准确能够激励全员。反之,目标只是一个数字游戏。

物业管理企业如何制订年度目标

企业制订经营目标看似简单,其实很有技巧。有效的经营目标能够充分激励全员加速跑助力企业发展;而无效的目标,非但不能对员工起到激励作用,反而会导致团队失去方向而缺乏进取心与活力,阻碍企业的发展,甚至使企业产生倒退的危机。

在《爱丽丝漫游奇遇记》中,爱丽丝问猫:"请你告诉我,我该走哪条路?""那要看你想去哪里?"猫说。"去哪都无所谓。""那么,走哪条路也就无所谓了。"没有目标,也就没有了方向,也就失去了努力的动力。

一、怎样的目标才是有效的?

目标定得越高越好吗?

很多企业管理者在制定目标的时候,经常会陷入误区,认为目标定得越高越好,即便员工实际上只完成了80%也能超出企业的预期。实际上,制定目标是给予员工完成目标的方向与指导,遥不可及的方向,无法指导员工达成目标,还会给员工造成压力,极易产生"反正制订的目标都达不到,不如就做到哪里算哪里"的消极心理,从而形成"脚踩西瓜皮,滑到哪里算哪里"的负效应。

企业的年度经营目标是企业经营思想的具体化,反映了企业所追求的价值,年度经营目标为企业各个方面的活动提供基本方向。因此,企业的年度经营目标,应该是从企业的长期战略出发,在分析企业外部环境和内部条件的基础上,制订的公司下一年度各种经营活动所要取得的结果与目标。

二、目标必须有可操作性

新进的保险业务员小A跟老板说:"老板,我的目标是一年内赚100万元,请问我怎样才能达到我的目标呢?"

老板问:"你相信你能达成这个目标吗?"

小A说:"只要我努力,就一定能达成。"

老板说:"那我们来看看,你要为自己的目标做出多大的努力,根据我们的提成比例,100万元的佣金大概要做300万元的业绩。一年300万元的业绩,一个月是25万元的业绩,一天是8 300元的业绩。每天要实现8 300元的业绩大概需要拜访50个客户,一个月拜访1 500个客户,一年就需要拜访1.8万个客户。"

这时老板又问小A:"请问你现在有没有1.8万个A类客户?"小A说没有。"那就要靠陌生拜访。平均一个人要谈至少20分钟,一天要谈50个人,也就是说每天要花16个多小时与客户交谈,还不算路途时间。你能做到吗?"

小A说:"不能。老板,我懂了。目标不是凭空想象的,是需要凭着一个能达成的计划而定的。"

目标与计划相辅相成,而不是孤立存在的。不具有可操作性的目标不是有效的目标。企业在制订年度经营目标时,也需要结合企业的发展战略与整体规划,不应脱离实际。

三、如何制订年度经营目标

通常企业在制订年度经营目标时,需要结合企业自身的状况以及对市场的预期进行综合分析和预测。这是制定经营目标的基础。财务预测通常有销售预测、利润预测。

销售预测:

甲物业公司2017年实现收入15 000万元,比上年增长20%。

2018年预测保持上年增长速度。

则甲物业公司2018年的收入预测为：15000×（1+20%）=18000（万元）

利润预测：

甲物业公司2017年利润率为10%，2018年预测提升到12%。

则甲物业公司2018年利润预测为：18000×12%=2160（万元）

盈利分析和潜力挖掘：

对于市场及财务的预测均是基于一定数据和逻辑的推断，而并不是拍脑袋的结果。比如上例中收入增长20%，是根据当年数据预测下一年度将会保持同样增速，从而得出的预测。那么利润率提高到12%的判断依据是什么呢？企业在对经营数据进行分析后，可以通过和企业规模相类似的同行企业经营数据进行对比分析，进一步分析和挖掘企业的盈利潜力。

例如：上例的甲物业公司在本区域内找到了一个与自己相类似的乙物业公司作为自己的对标企业，将经营数据与其进行对比。详见表4-1。

表4-1 甲、乙公司经营数据对比

指　　标	甲公司	乙公司（甲公司对标企业）
经营收入增长率（%）	20	25
销售净利率（%）	10	12
人力成本比重（%）	70	65
综合税负率（%）	6.70	5.50
物管费收缴率（%）	80	90
资产负债率（%）	30	45
现金及现金等价物（万元）	1 200	2 500

通过甲、乙两家物业公司的经营数据对比，可以看出：甲物业公司上述指标全面劣于乙物业公司，从收入增长、成本比重、盈利状况等方面来看，甲物业公司都有很大的提升空间。因此甲物业公司首先将自身利润率定在了与乙物业公司相同的水平，即12%，作为下一年度目标。作为在同一区域内的对标企业，乙物业公司所能达到的利润率，只要提升自身的管理水平，甲物业公司客观上也应能达到。

通过财务分析和预测，能够解读企业真实的经营状况，认识企业的经营风险与发展空间，为企业新一个年度的经营目标明确整体的方向。

四、如何分解年度经营目标

日本著名的马拉松运动员山田本一曾在国际马拉松比赛中两次夺得世界冠军，其在自传中写道："一开始我把目标定在终点线的旗帜上，结果当我跑到十几公里的时候就疲惫不堪了，因为我被前面那段遥远的路吓到了。后来，每次比赛之前，我都要乘车把比赛的路线仔细地看一遍，并把沿途比较醒目的标志画下来，比如第一标志是银行；第二标志是一棵古怪的大树；第三标志是一座高楼……这样一直画到赛程的结束。比赛开始后，我就以百米的速度奋力地向第一个目标冲去，到达第一个目标后，我又以同样的速度向第二个目标冲去。40多公里的赛程，被我分解成几个小目标，跑起来就轻松多了。"

企业在制订经营目标时也是如此。企业在明确整体的战略发展目标后，需要逐层分解和转化到各个层级，使目标转换成一系列可以量化的指标，才能够促进目标的实现。平衡计分卡就是根据企业的战略要求精心设计的一套指标体系，它将企业的战略目标逐层分解转化为各种具体的相互平衡的绩效考核指标体系，为企业战略目标的完成建立可靠的执行基础。

以某物业公司为例，根据企业整体目标设计的平衡计分卡见

表4-2。

表4-2 某企业制定目标设计的平衡计分卡

维度	权重(%)	指标	指标定义	分项权重(%)	单项目标值	得分	总分
财务	40	利润额	净利润总额	25	500万元		
		营业收入	营业收入总额	20	5000万元		
		净利润率	净利润÷营业收入	10	10%		
		费用成本控制率	实际费用总额÷预算费用总额	10	100%		
		物业费收缴率	实际收缴金额÷应收金额	20	85%		
		应收账款回款率	实际收回历史金额÷历史欠款总额	15	50%		
		小计		100			
客户	30	业主投诉及时率	及时解决投诉数量÷总投诉量	30	90%		
		业主满意度	业主对物业满意人数÷被调查人数	50	90%		
		社区文化活动组织率	实施活动次数÷拟活动次数	20	100%		
		小计		100			
运营	20	业主相关档案完好准确率	规范建档数÷应建立的档案数	10	95%		
		质量事故安全危机管理	事故及时解决次数÷发生事故次数	40	100%		
		企业文化贯彻、企业制度流程÷服务标准体系建设	严格按照公司规章制度实行标准化体系	50	100%		
		小计		100			

续表

维度	权重(%)	指标	指标定义	分项权重(%)	单项目标值	得分	总分
学习与成长	10	工作经验、知识积累与共享	工作经历与心得体会的汇报	20	100%		
		学习考察、同业交流	深度考察同业并作交流	35	100%		
		工作计划有效完成情况	实际完成计划工作量与质量÷计划工作量与质量	45	90%		
		小计					

通过平衡计分卡，将整体目标分解为各项量化指标后，各部门要根据目标要求制订相应的工作计划与实施策略。在这个过程中，需要注意几个问题：

首先，对各项指标的目标值设定需要兼顾结果与过程，根据公司整体的目标及自身岗位职责和管理的团队共同讨论确定。

其次，在制订工作计划时，根据目标值设计阶段性目标，并提出达成阶段目标的策略和方法，促进团队成员逐步完成任务。

再次，对于目标和计划都要实施过程控制，即需要根据阶段目标的完成情况与计划实施情况，进行阶段性的总结与分析，了解现状与目标的差距，找到弥补差距、完成目标的具体措施。

最后，在目标考核末期，需要进行总体性的评估与分析，对没有达成目标的要分析原因。对超出预期的或者达成了起初看似难以完成的目标的，则要分析成功的原因，总结经验。

一个好的目标，必须具有关联性、阶段性，并兼顾结果和过程，还需要资源支持、计划（过程）管理、绩效考核与激励制度的支撑。这些量化管理方法与目标管理相辅相成，能够使企业在激发员工的主动性和创造性的同时，及时了解各项工作进度，保障目标的最终实现。全面预算管理是保障目标达成的最好管理手段。

（本文发表于《现代物业》2017年12期，文章名为"物业管理企业的年度目标与计划"，于2021年5月编辑整理）

> 联合基数法的核心是：责任中心只有报出能实现的最大指标，才能实现奖励的最大化。

物业管理企业预算管理中如何设定与考核指标

为了更好地调动企业资源，达成企业发展目标，很多物业管理企业都在内部管理中实施了全面预算管理。但是，企业在实施预算管理的过程中，尤其是在对各部门、各经营单位进行资源和指标分配、考核、控制的过程中，各责任中心一方面千方百计争取更多的资源，另一方面竭力压低自己的考核目标，从而形成"韦尔奇死结"。通常在一个阶段内，企业预算管理的起点就是经营目标的确立，终点则是对目标最终完成情况的考核。因此，预算目标的确立对于预算管理的成效起着至关重要的作用。实践中，物业管理企业预算管理部门与各责任中心也常常因此而形成博弈，最终结果总是不尽如人意。物业管理企业预算考核、绩效考核中这种情形也是司空见惯的。

企业的经营目标，原则上需要结合企业的战略发展需要，根据各种主客观资源条件加以确定。但是在确定年度预算目标时，预算管理部门和各责任中心经常存在信息不对称的情况。预算管理部门希望各责任中心提供最真实的底数，而各责任中心总是希望最后确定的目标低一些，完成起来更有把握，保证超额奖励的获得。最终预算目标的确定往往是双方讨价还价后折中的结果。那么，从企业管理的角度，预算怎样才能发挥应有的作用呢？

一、传统的经营责任制目标的确定方式

例1

A物业公司管理的甲项目,2015年度完成收入2000万元,成本支出1800万元,实现利润200万元。根据A公司的奖励政策,达成目标利润额的10%给予奖励,超额部分按超额利润的20%予以奖励。在确定2016年预算目标时,预算管理部门根据历史情况确定的目标与项目自定的目标存在很大的差距,见表4-3。

表4-3 某公司确定目标与自定目标

单位:万元

项目	上年实际	公司确定目标	项目自定目标
经营收入	2000	2200	2100
经营支出	1800	1850	1950
经营利润	200	350	150

项目强调成本增长和创收艰难,经过多轮博弈,最终确定该项目2016年度目标为:收入2 100万元、支出1 900万元、利润200万元。对于该项目来说,和公司博弈压低指标,其重要性甚至高于项目的经营管理,使得项目完成目标、获得奖励的可能性和幅度大大提高。

假设2016年度该项目实际完成350万元利润,则按确定的目标项目可获奖励50万元,而按企业原定目标,项目只获奖励35万元,见表4-4。

表4-4 不同预算目标对应奖励

单位:万元

实际完成	预算目标	达标奖励	超额奖励	奖励合计
350	350	35	—	35
	200	20	30	50

这是传统预算目标确立及考核的沉疴宿疾。但是,**联合基数法却很好地从技术上解决了这个问题。联合基数法的核心是:责任中心只有报出能实现的最大指标,才能实现奖励的最大化。**

二、联合基数法

联合基数法是中国胡祖光教授2000年提出的,所以又叫HU理论。它用严格的数学方法建立了对策论模型,预算管理部门只要采用这种模型,被考核单位就会报出一个他通过努力能够完成的最大目标数。

联合基数法可以简单归纳为"各报基数,加权平均,超额奖励,少报罚款"。"各报基数"是指确定目标基数时,首先由考核单位和被考核单位各自提出一个认为合适的目标基数。"加权平均"即为设置双方所报基数的权重,然后对这两个基数进行加权平均,作为最终目标基数。"超额奖励"是指当期实际完成的指标超过了加权目标基数时,则超额完成的部分按指标奖励系数P分配给被考核单位。"少报罚款"是指当期实际完成的指标超过了被考核单位的自报数,对少报部分要按受罚系数Q收取罚金。"超额奖励"减去"少报罚款"后的净额为被考核单位最终的奖励金额。

简单地归纳一下,联合基数法的分配机制可以实现:

(1)实际完成指标越高,则被考核单位所得奖励越多;

(2)在实际完成目标既定的前提下,被考核单位自定的目标越切合实际,被考核单位所获奖励越多,这是联合基数法的核心作用。

三、联合基数法的实际运用

例2

A物业管理企业采用联合基数法确定各项目2016年度经营目标,其具体步骤如下:

①A企业确定所属乙项目2016年度预算利润基数为100万;

②乙项目自报2016年度预算利润基数;

③确定①、②两个利润基数的权重各为50%,计算出合同基数;

④确定超额奖励系数P为80%,超额是指实际完成数与合同基数之间的差额;

⑤确定少报罚金处罚系数为60%,少报是指实际完成数与项目自报数之间的差额;

⑥项目获得的奖励=(实际完成数−合同基数)×80%−(实际完成数−自报基数)×60%(自报基数大于实际完成数时,少报罚金为0)

根据上述情形,乙项目自报数有表4–5所示5种情况:

表4–5 项目自报数的5种情况

单位:万元

		情况1	情况2	情况3	情况4	情况5
各报基数	乙项目自报数(A)	80	100	120	140	160
	A企业要求数(B)	100	100	100	100	100
加权平均	合同基数C=(A+B)÷2	90	100	110	120	130
	实际完成数(F)	120	120	120	120	120
超额奖励	超基数奖励(F−C)×80%	24	16	8	0	−8

续表

		情况1	情况2	情况3	情况4	情况5
少报罚款	少报罚款（F-A）×60%	24	12	0	0	0
	乙项目净奖励	0	4	8	0	-8

假设2016年度实际完成利润是120万，在上述5种自报基数情况下，乙项目可获得的奖励见表4-5。

从表4-5可以看到，乙项目获得最大奖励的是情况3，即乙项目自报基数与实际完成数完全一致的时候，此时项目获得奖励最大为8万元。在这样的机制下，项目不再有少报利润、讨价还价的内生驱动力。项目申报经营目标时，原则也会很简单，那就是申报的目标和实际越接近越好。

上述案例中，权重系数、超额奖励系数P、少报罚款系数Q可以根据实际需要进行调整。联合基数法打破了实践中的惯性思维，需要在实施前让各责任中心充分了解它的特性和作用机制，这样才能充分发挥其作用。

相关链接

"韦尔奇死结"： 通用公司前总裁杰克·韦尔奇，曾经因为预算管理的实践而使身心受到严重创伤，他沉重地在他的回忆录中写道："预算是美国公司的祸根，它根本不应该存在。制定预算就等于追求最低绩效。你永远只能得到员工最低水平的贡献，因为每个人都在讨价还价，争取制定最低指标。"

（本文发表于《现代物业》2017年01期，文庄名为"联合基数法在预算管理中的简易运用"，于2021年5月编辑整理）

> 全面预算管理是建立在报表基础上的。会看财务报表，了解企业关键的经营数据，是管理者的基本功。

解读财务报表，掌握物业管理经营之道

分析财务报表是现代企业管理者的一个重要工具，特别是对于业态比较丰富、规模比较大的企业，仅了解业务的基本情况，不足以把控企业的整体状况。世界500强企业，大多数CEO都毕业于工商管理专业，对财务管理比较精通，甚至很多CEO本身就曾经是CFO。物业管理企业的经营决策者，必须清楚地了解企业的现金流、收支状况、盈利状况。但是对于许多非财务专业的管理者来说，要读懂这些数据却并非易事，甚至会因此闹出不少笑话。笔者在一次咨询业务中认识一位物业公司的总经理，他在看财务报表时，看到公司当年实现盈利200多万元非常高兴，而当他准备使用这笔资金时，却发现账上根本没有钱，看似盈利的金额却只是报表中的数据而已。同样，对于其他公司的报表，比如说上市公司的报表，我们也唯有掌握正确的解读方法，才可能从中获得更多的信息。

一、财务报表看什么

企业的本质是要盈利，无论从企业自身的角度，还是从投资者的角度，都会非常关心企业的盈利能力。有一个指标叫资产收益率（Return on Assets，ROA），运用得非常普遍。它反映了单位资产创造了多少净利润，体现了投资的效率和资产运用的效率（见图4-1）。

$$ROA = \frac{利润}{总资产}$$

$$= \frac{利润}{营业额} \times \frac{营业额}{总资产}$$

图4-1 资产收益率计算公式

由于利润÷营业额就是销售利润率,营业额÷总资产就是资产周转率,因此可将ROA的公式进行演绎,最终得到

ROA=销售利润率×资产周转率

从ROA公式演绎过程中,可以看出利润、周转率这两个因素是很重要的。除此之外,现金是企业的血液和生命线,是首要关注的。不过这3个都是静态指标,企业的增长趋势也是个重要关注点。因此财务报表首先要关注这4个基本点(见图4-2)。

财务报表看什么?

现金　利润　周转率　增长率

图4-2 财务报表4个基本点

二、正确认识三大报表

企业的报表很多，但是使用最广泛、最有代表性的有3张表，也就是我们常说的三大报表：损益表、资产负债表、现金流量表。

损益表反映企业在一定期间实现的经营收入、成本、费用等的状况，最终结果为企业实现的利润或亏损；

资产负债表反映企业在一定时期的整体财务状况，包括资产、负债和所有者权益；

现金流量表表达的是企业在一定期间内现金流（包括经营现金流、投资现金流、筹资现金流）的增减变动情况。

这3个报表之间的关系可以用图4-3来作简要说明：

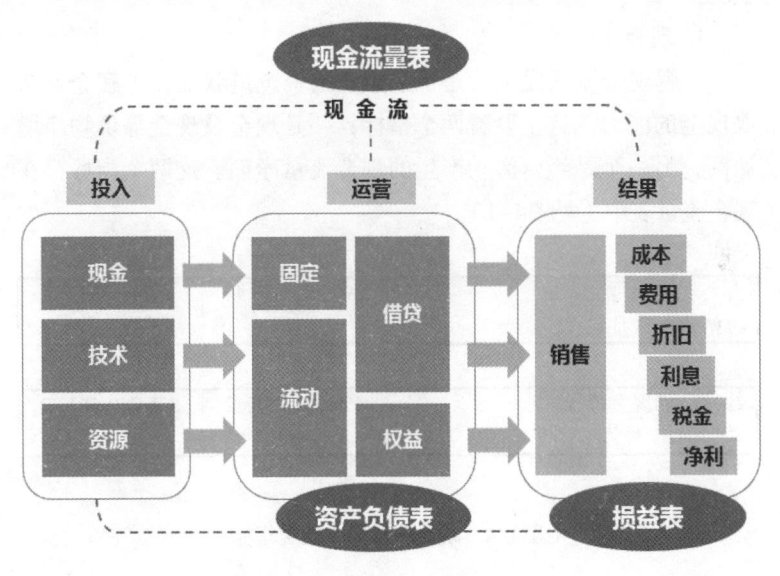

图4-3 三个报表之间的关系示意

投资者的现金、技术、资源等在投入企业后，经过运营会转换为企业的固定资产、流动资产，在这个运营过程中还会对外产生负债，资产减去负债就是权益（见图4-3中资产负债表）。在一段时间内，运营的结果就是产生了多少经营收入，发生了多少成本和支出，最终形成了一定的净利润（见图4-3中损益表）。从投资者投入现金，到企业运营、产生收入收回现金，再运营这个循环过程中，现金流贯穿始终并不停地循环往复，现金流的这个流转过程就是现金流量表反映的内容。

三、认识几个重要指标

财务报表的数据还是比较复杂的。特别是对于非财务人士来说，财务报表的确让人难以理解。不过作为管理层可以着眼于上述4个基本点，关注一些主要指标，从而快速地了解企业的整体状况。

1. 现金

了解现金流状况，就是了解企业的资金链状况，了解企业获取现金的能力。这主要看两个指标：一是现金及现金等价物净增加额，另一个是经营活动产生的现金流量净额。这两个指标都在现金流量表中（见图4-4）。

五、现金及现金等价物净增加额	—	299 591 855.44	−744 335.59
经营活动现金流出小计		459 051 287.62	355 749 564.32

图4-4 现金流量表中现金指标

最简单的方法是看这两个数据是正数还是负数。现金及现金等价物净增加额是负数，表示企业现金流减少，经营活动产生的现金流量净额是负数，表示主要经营活动产生的现金流入不敷出。

这两个指标是首先要关注的。

2. 利润

利润是企业一段时间的经营成果,可以关注净利润指标。净利润列在损益表中最后一项(见图4–5)。

| 五、净利润(净亏损以"–"号填列) | – | 36 648 756.73 | 21 211 796.29 |

图4–5 损益表中利润指标

净利润指标比较容易理解,它表示企业盈利的多少,除了关注金额大小外,还应和去年同期相比,该指标的增长趋势和增长情况。这是企业整体增长率的重要体现。

3. 周转率

由"资产周转率=营业额÷总资产"这个公式,能够知道周转率涉及两个指标。

第一个指标:营业收入

这个指标反映了企业一定时期的收入规模,和净利润一样也是在损益表中体现,列在损益表中第一项(见图4–6)。

项目	附注	本期发生额	上期发生额
一、营业收入	(十五)4	391 720 977.02	303 982 242.02
减:营业成本	(十五)4	325 865 348.04	249 371 658.81
营业税金及附加		21 554 116.64	16 316 112.84
销售费用		–	–
管理费用		18 493 267.02	13 001 463.84

图4–6 损益表中周转率指标

第二个指标:资产总计

资产总计反映的是企业总资产,在资产负债表中体现,列在资产负债表左部最后一项（见图4–7）。

商誉	—	—	—
长期待摊费用	—	—	—
递延所得税资产	（七）11	1 727 356.54	1 436 797.35
其他非流动资产	—	—	—
非流动资产合计	—	4 792 687.92	41 876 533.19
资产合计	—	500 365 685.85	672 009 824.39

图4–7　资产负债表中周转率指标

营业收入、总资产除了关注指标值的大小外，还要关注变动趋势，这两者之间的比值就是周转率，周转率越高意味资产的利用效率越高，资产收益率越高。

4. 增长率

净利润、营业收入、资产总额和上年同期相比，其增长变动情况就整体反映了企业的整体增长情况。

运用财务管理的手段、思维来管理企业是现代企业管理的客观要求，其中有一个重要标志是利用财务报表的数据与企业计划、目标进行对比，从而调整、指导企业的日常经营管理，通过设定内控的流程来完成收支的管控。

（本文发表于《现代物业》2016年11期，文章名为"认识财务报表，掌握管理之道"，于2021年5月编辑整理）

后记

全面预算管理是一种全程的量化管理，数据是基础且贯穿始终，因此企业必须掌握数据管理这一基本功。

第五章

物业管理企业的风险控制与税务筹划

- 企业风险种类很多，财务风险无疑是最重要的。
- 愚昧者偷税；糊涂者漏税；野蛮者抗税；狡猾者骗税；精明者纳税筹划。
- 税务筹划并不是一味地减少税负。理解税务政策，合理合规筹划，减少多余的税负。
- 不能单纯、片面地解读财税政策，这样的税务操作往往不是正确的，甚至是高风险的。
- 税务筹划，企业需要结合业务进行全局考量与筹划。

> 物业管理企业属于潜在风险较高的行业,而财务风险更是重中之重。

物业管理企业的财务风险管控

在财务管理的原则中有个重要的原则——效益与风险均衡原则。财务管理的重要职责之一就是管控风险。企业往往是通过财务管理系统进行风险管控。这恰恰是很多中小型企业,特别是物业管理企业薄弱的地方。大多数物业管理企业因为没有经历过真正的风险,所以往往容易忽略风险。

财务管理对于企业的风险控制主要包括两方面:一方面是外部风险控制,另一方面是内部风险控制。物业管理业务虽然看似比较简单,其实外部风险非常多,只是并非所有企业会遇到这种风险,加之企业对于日常风险往往存在侥幸心理,所以往往容易忽略。由于缺乏足够的预见性和准备,一旦遇到风险时企业往往防范能力非常差。

2008年,四川新一康医药有限责任公司,其法人代表、总经理张某利用公司取得的经营药品资质和增值税一般纳税人资格,让财务负责人决定,由会计、出纳采用做假账的方式将账做平,以"管理费"名义按照开票金额的4%~8%收取开票费,以该公司名义,在无真实交易情况下,先后向8家公司开具增值税发票164份,价税合计逾3 000万元。被法院判处罚金500万元,法人代表被判无期徒刑,其他相关人员等分别被判处缓刑至有期徒刑13年不等。

这是典型的虚开增值税发票判处案例。无论是虚开发票的一方,还是接收虚开发票的一方,都可能被追究刑事责任。但事实上，随着现在税收政策日益规范，相应的判罚也越来越严厉。近期，郑州也有相似的案例，其中涉及金额仅几十万元，除罚款以外，法人代表和财务也全部被追究刑事责任。关于增值税的涉税风险还是比较大的。物业管理企业对于这类案例必须引起足够的警示和注意。

除了涉税风险，物业管理业务自身也存在风险。2017年7月13日，中山雅居乐物业因阻挠法院执行公务被罚10万元。这并非个案，万科物业也曾涉及类似的事件。这些对于企业而言都是风险。2017年引起广泛关注的杭州"保姆纵火案"，引起了公众对于绿城物业的消防设施是否符合标准的质疑，绿城物业也因此次事件品牌形象受到损害。假设物业公司在这类事件中需要担责，那么这对物业公司的影响将是巨大的。物业公司不仅需要面临巨额赔偿，企业的品牌甚至发展也将受到非常大的影响。就绿城物业而言，其在行业中无论是品牌还是影响力都是比较大的，但这起事件也暴露出了绿城物业的管控存在风险。行业企业必须意识到，物业公司在业务管理中是存在风险的，不曾发生不代表就不存在风险，企业如果不做好风险管控工作，那么一旦发生风险就可能是企业无法承受的。有可能一起风险事件，就会导致一家物业公司、甚至一个地产公司面临倒闭。

除了外部风险，企业的财务管控更多要关注的是企业内部风险。物业管理企业对内部风险的控制主要着眼于两点：制度和流程。通过规范的管理制度和流程来规避风险、减少风险的产生。

某公司的业务人员周某向公司财务小赵提出预支60万元用于订货，小赵表示需要总经理签字，周某说总经理口头同意，并在小赵面前打电话给总经理请示，但是电话没有打通。小赵表示向总经理请示后再支付。周某便说这笔钱是要拿去订货的，如果由于小赵不付款而导致没订到货，那么责任必须由小赵负责，小赵对此很为难。

这是企业财务工作中经常遇到的情况。如果周某对这笔款项支付并不是从公司角度考虑的，小赵预支款项就会存在资金风险。如果小赵坚持得到总经理授权才支付，没有得到授权就拒不支付，看起来风险的确得到了控制，但若周某确实是出于业务要求急需支付，小赵的行为就可能给公司带来损失。

财务负责人该怎样做？

首先，财务负责人需要判断业务自身的合理性、规范性和合规性。如果这笔业务有问题，即使审批人董事长或总经理已签批，财务负责人都要果断提出质疑。在没有授权手续的情况下，更要坚决说"不"。如果是财务负责人判断这笔业务应该发生，且是当下急需且应该支付的，在联系不上审批人的情况下，也不能够擅自支付。审批人很可能掌握着财务负责人所不知道的信息，或者审批人认为不该支付，这种情况下，如果财务人员擅自支付就可能面临风险。这种风险也是企业的风险。但是，如果事件紧急，关乎重大事件或者会给公司带来巨大影响，关系到企业的生死存亡，这种情况下就需要企业管理层集体讨论、集体决策，同时，也由企业管理层集体承担相应的风险。通常企业的制度和流程可能控制80%的风险，还有20%是需要管理层来担当的。当然，上述假设都是基于通过企业制度和流程不能解决问题的情况，财务人员需要在收益和风险之间平衡对风险进行决策。

物业公司的内部风险还来自物业管理项目。很多矛盾集中在项目的财务和出纳岗位，大部分公司会从制度和流程方面要求项目的财务人员受公司垂直管理，以减少风险。但假设项目经理与项目的财务人员存在舞弊行为，那么就会存在风险。这时就需要企业有更系统的管理手段进行防范。内部审计就是企业防范此类风险的重要手段。目前，大部分中小物业管理企业都没有开展内审的工作。因为中小物业管理企业都比较看重业务管理，往往忽略内部审计。

内审与外审的侧重点不同，内审并不是审计业务的经济性与合理性，内审主要是审计内部的合规性与合法性，比如制度是否得以执行、流程是否有效,项目是否存在管理漏洞和缺陷等。内部审计的目的就是确保制度和流程落实到位。

物业管理行业内部审计控制的重点有2个方面:一是资金,即资金的收与支,收入有没有漏收,支出是否按规定支出;二是采购,包括物资和供应商的选择。由于制度和流程不够严密,很多问题就不能够被及时发现。多家物业管理企业内审时,都会发现很多不合规的情况,甚至存在舞弊现象,比如私自减免物业费、私自截流临时收入等。

很多中小型物业管理企业都没有专门的审计机构或人员,很多行业的审计人员都同时从事会计工作或财务工作,很难抽出力量进行专门的审计,因为审计需要投入精力和时间。对于中小型物业管理企业,还可以聘请第三方进行财务审计,不仅能够减少企业财务人员的工作压力,还能够摆脱企业内部财务人员审计的局限性,能够从专业的角度公正、客观地发现问题。第三方是独立性的审计机构,能够加强对于企业制度和流程的实施控制,使企业内控真正落实到位,避免企业管理制度和流程成为一纸虚文。

(本文发表于《现代物业》2018年01期,文章名为"物业管理企业的财务风险管控",于2021年5月编辑整理)

后记

虽然很多管理者都意识到物业管理企业风险的存在,但是对风险的控制,特别是财务风险的控制普遍缺乏足够的认识,上文主要是通过案例来阐述财务风险管控的必要性和基本思路。财务风险中的税务风险也是必须要关注的。

> 企业不具备扎实的风险意识与抗风险的能力，发展得越快，风险就越高。"黑天鹅"或许只是偶然事件，一次偶然却可能使多年的经营一夜轰塌。

"黑天鹅"骤降，重创物业"新贵"

2019年7月3日，新城控股集团股份有限公司（新城控股.601155.SH）董事长王振华被曝因猥亵9岁女童，被警方采取强制措施。随后，警方和新城控股陆续发布公告，坐实了此消息。新城控股是一家涉及住宅开发、商业开发与商业管理运营等多个领域的综合性上市企业，其麾下产业在山东布局甚广，在济南、青岛、淄博等多个城市累计开发项目数十处。据公开资料显示，王振华不仅仅是新城控股的实控人和董事长，还是港股上市的新城发展（01030.HK）和新城悦服务（01755.HK）两家上市公司的实控人。

新城发展和新城悦两家公司股市暴跌均逾20%，市值蒸发约300亿。有业界人士称新城系遭遇"黑天鹅事件"。

2018年11月6日，新城旗下物业平台新城悦控股有限公司（以下简称新城悦）在港交所挂牌上市，成为新城集团旗下继新城控股、新城发展后的第三家上市公司。上市首日即表现不俗，上涨3.79%。随后第三天即再创新高，涨幅8.98%。2018年归属股东净利润1.5亿元，同比增长104.9%。公开资料显示，新城悦创立于1996年，成长于常州，发展于长三角，管理项目涵盖住宅、公寓、别墅、写字楼等多种业态。上市前合约建筑面积7330万平方米，遍布全国21个省、直辖市和自治区的53个城市。其首次上市发行所得款项净额，约48%用于扩大物业管理服务，约12%用于增长于不同地区取得多元化物业管理项目，约15%用于扩张增值服务业务系列，约15%用于投资先进技术及雇员，约10%用作营运资金及一般公司用途。从公开的财务数据与其在资本市场的表现来看，新城悦都是一家抢眼的公司，堪称物业新贵。

然而，作为新城系的第三家上市公司，尽管新城悦的经营数据出色，尽管其在资本市场表现优秀，尽管王振华个人事件与新城悦的企业经营并无直接关系，但仍然深受其累，股价跳水，形象大跌。在突如其来的风险面前，才真正考验了企业的抗风险能力。

有人为新城悦叫屈，认为这种企业掌舵人的丑闻太过突然，企业风险意识再强，也无法预见。然而，真的是这样吗？

截至2019年一季度末，从各金融机构对新城控股的持股情况来看，基金持股占总股本比例为3.79%，是第一大持股机构，券商集合理财持股占总股本的1.48%。而险资却没有持股。值得关注的是，就在2019年一季度，中国人寿将持有的1469.89万股新城控股股份全部清仓。中国平安曾在2018年第二季度买进767.9万股，在2018年三季度全部清仓。平安银行在2019年5月还暂停了对新城集团已批准业务的出账，冻结剩余未使用的额度，并且暂停新增敞口授信业务审批。两家险资企业顺利避开了此次的"黑天鹅事件"。事实上，根据对持股偏好的数据统计，险资向来偏好地产股。而截至2019年一季度，却没有一家险资企业持有新城控股。

一、这并非偶然

据媒体报道，平安银行通常对企业合作伙伴实行"白名单制"管理，白名单每年都做调整，白名单的评价指标非常全面和详细，除了官方及公开信息外，还包括市场舆情、业界口碑，甚至坊间传闻都会作为参考。新城控股在2018年进入平安银行的"白名单"，但到2019年5月中旬后，新城控股和其他一些房企都被移出了"白名单"。据中国平安一位高管表示，平安开展股权投资标准是企业要有好的战略规划、稳健的文化、良好的执行和稳定增长的盈利表现。正是基于平安自身具有一套完善的风险管控系统，才使得中国平安此次真的"平安"。

企业掌舵人的个人行为，看似与企业经营并无直接关系，但从现实来讲，其个人品德、职业操守、甚至兴趣喜好都会影响企业的文化，甚至是企业的发展。所以，一旦企业高管个人出现负面报道，就容易引起市场猜测、股价波动、企业品牌受损，甚至对业务构成冲击。早前的京东事件也正是如此。

二、看似岁月静好，其实早露风险端倪

早在2016年，王振华就因涉嫌行贿被常州市武进区纪委调查。当年新城控股也是发布公告，随后公司业务交由其儿子王晓松接任。调查结束，王晓松辞去总裁职务，王振华重回岗位。不到两年，历史的一幕又重演了。只是这一次王振华恐难再次回归。

相同的危急处理思路、相同的危机处理手段，但这一次的难关怕是不容易过了。随着事态持续发酵，王振华伪善人设被揭，其创业过程也被细揭开来，更多对新城系的不利信息被曝出。截至目前，已有近40家基金公司发布了对新城控股下调估值公告。经营出色的新城悦也未能幸免。由于新城悦约80%的总签约面积属于新城发展的项目，中长期不确定因素较高，管理层变更对公司的销售增长也会造成负面影响，新城悦的目标估值也被调低。

三、覆巢之下安有完卵？

作为地产商下属的物业管理企业，习惯了背靠大树好乘凉，长期处在相对封闭的市场环境中，缺乏独立和自主，为地产做好服务，应地产要求走向资本运作。然而，资本市场并不都是美好，风险随时可至。很多物业管理企业即便走向资本市场，对风险的认识还仅仅停留在与业主鸡毛蒜皮的小事上。且不说设置像险资系统的"白名单"，真正建立风控系统的物业管理企业都凤毛

麟角。

　　企业不具备扎实的风险意识与抗风险的能力，发展得越快，风险就越高。"黑天鹅"或许只是偶然事件，一次偶然却可能使多年的经营一夜轰塌。

　　正如一位基金经理所说："资本是逐利的，但资本是人管理的，人是有价值判断、有记忆的。"

（刊于《深圳物业管理》2020年6期）

> 对财务人员来说，解决税务及账务的操作问题固然重要，学会从管理的角度思考和解决问题则更为重要。

物业管理者都需要了解税务筹划

2016年最火的动画片《疯狂动物城》中，兔子朱迪在争取狐狸尼克的帮助时有段有趣的对白。

朱迪：我想你能晚点再去赚那块儿八毛的冰棍钱。

尼克：哈，小兔子，我每天能赚200元，我从12岁开始，每年365天，时间就是金钱。

朱迪：你被捕了。

尼克：为什么？

朱迪：因为逃税漏税。你一天赚200元，从12岁那年开始，全年无休，乘以20年，总共应该是146万元，而你的报税单上申报金额总共是0。很遗憾，在报税单上作假是要被判刑的，至少五年有期。

尽管故事背景体现的是美国税制。美国个人所得税实行的综合所得税课税模式，对纳税人的总收入课税。即使是非法所得，也要申报纳税。在美国有一句俗语："宁惹缉毒所，不惹税务局。"在《疯狂动物城》的这段对白中，也充分体现了这一特点：没有"正确的"申报纳税是可能会触及刑法的。在我国增值税税制体系中，也存在类似的情形。

一、增值税时代，红利与风险并存

已经广泛实施的营改增是为了完善税制结构，对企业实行减负，实现税负"只减不增"的改革目标。但是在减负的同时，增值税法规也对偷税漏税、虚假开票等违法行为实施了严厉惩处的规定。在我国增值税的现行法规下，作为企业如果没有正确纳税和处理涉税行为，可能触及刑法。涉及法律风险的不仅是财务人员，企业法人、管理者同样也可能承担相关的法律责任。

曾经有一个案例：平顶山市新华区人民检察院以平新检公诉刑诉（2015）27号起诉书指控：2005年至2006年4月，被告人许某某在平顶山市三香陶瓷有限责任公司担任会计期间，受该公司总经理黄某某（已判刑）和财务总监张某某（已判刑）指使，设立真假两套公司财务账，隐瞒主营业务收入，偷逃税款。2005年1月1日至2005年12月31日，隐瞒主营业务收入7 973 730.68元（含税），少缴增值税451 343.25元，2006年1月1日至2006年4月30日，隐瞒主营业务收入2 081 269.66元（含税），少缴增值税117 807.71元，以上共计少缴增值税569 150.96元。尽管案发后，企业已补缴相应税款，但是在继公司总经理、财务总监相继判刑后，涉案会计许某某最终也被判处有期徒刑三年，缓刑三年，并处罚金100 000.00元。

可见，增值税时代，不仅财务人员要掌握税法相关规定，懂得正确的账务处理与税务筹划，企业管理者、公司法人也必须充分认识到税务风险，才能够做好防范措施。税务风险不再是认罚就可以一了百了的。

二、学习营改增，不仅与财务有关

由于增值税的征管规定相比营业税要复杂得多。很多物业管理企业在营改增政策颁布后，都积极地给企业的财务人员"紧急充电"，安排财会人员参加各种营改增专题讲座或培训，期望能够解决财务人员在会计核算、申报纳税等环节的具体操作问题，同时本着走一步看一步的惯性思维应对增值税带来的变化。但是，一方面仅靠一两次的政策解读与简单应用的讲解，并不能使毫无增值税经验的财务人员快速消化复杂的增值税征管体系、若干相关制度；另一方面，很多讲座是请税务局、事务所专家讲解的通用版本，对物业管理行业的关联性和实操指导也比较有限，特别是缺乏结合行业特点的实例解析。这对于目前行业的财务人员是明显的不足。物业管理行业大多数财务人员的专业水平还是停留在基础的会计核算与账务处理层面，很少具备系统思维，不能从管理者的角度看待问题并提出解决方案。因此，在参加这类讲座时的目的也就变得简单又直接，就是期望解决增值税的基本账务处理的一些具体操作方法，例如代收水电费怎么开票、怎么缴税，停车费、车位管理费怎么开票、缴税等。而实际上，对财务人员来说，在这些操作性的问题之外，更应该学习的是如何根据增值税的特点，对业务流程、合同管理、供应商的管理等管理系统的层面提出优化建议，从财务管理的角度为企业开展税务筹划，争取更多红利。

北京一家物业公司的财务负责人曾总结道："做财务很多年，惯性思维很严重，而通过钟老师的培训，不仅是了解和学习了物业管理行业营改增的政策、特点和对策，更对物业管理行业的财务管理有了新的思考。"对财务人员来说，解决账务处理的问题固然重要，学会从管理的角度思考和解决问题则更为重要。

三、税务筹划，不仅是财务的事儿

不少企业老总也都认为营改增、税务筹划都只是财务人员的事，与企业的业务流程、组织架构等并没有太大关系。加之，各地举办的税务讲座多是政策解读，也使管理者认为关联性并不大。实际上，增值税涉及的问题非常复杂，企业需要解决的是两个层面的问题：一个是操作层面，另一个是管理层面。有关开票、申报缴税、会计核算等更多是解决了企业在操作层面的问题。而解决管理层面的问题，则更多需要管理者自己提高对增值税的理解能力。

无论是对新成立公司，还是已经颇具规模的公司，企业经营管理问题多少都与税务筹划有关。例如，在创立物业公司或成立分支机构时，是选择一般纳税人还是小规模纳税人？物业公司的清洁业务是否外包，外包对企业纳税的影响？物业公司在开展多种经营业务时，是选择单个法人经营，还是多法人经营？是挂在物业公司旗下经营，还是应该独立经营？物业在选择供应商时，除了品质与价格因素以外，该选择一般纳税人，还是小规模纳税人？选择供应商，名义价格的高低不再意味着采购成本的高低。这些问题都是在管理决策层面需要研究和解决的问题。

例如：物业公司外购工作服装，在同样的质量和交货条件下，A供应商采购报价11700元，B供应商报价10815元，C供应商报价10600元。在营改增之前，在同等条件下，采购部门会优先考虑C供应商，因为根据比价原则，C供应商报价最低。同样的情形，同样的报价，营改增之后，之前的原则不再适用。

A供应商是一般纳税人，可提供增值税专用发票（适用税率17%），即A供应商报价11700元中，有1700元为可抵扣的进项税额，真正的服装采购成本是10000元。计算方法如下。

进项税额：$11700 \div (1+17\%) \times 17\% = 1700$元

采购成本：$11700 \div (1+17\%) = 10000$元

B供应商是小规模纳税人，可提供增值税专用发票（适用税率3%），即B供应商报价10815元中，有315元为可抵扣的进项税额，真正的服装采购成本是10500元。计算方法如下。

进项税额：$10815 \div (1+3\%) \times 3\% = 315$元

采购成本：$10815 \div (1+3\%) = 10500$元

C供应商也是小规模纳税人，仅可提供增值税普通发票（适用税率3%），由于不能提供增值税专用发票，不能用于抵扣进项，C供应商报价10600元需全部计入服装采购成本。

综合三家供应商，实际采购成本最低的反而是名义价格最高的A供应商。而这完全是由于增值税是价外税的特点造成的。这需要采购部门对增值税进行充分了解，这还会在合同的相关条款中体现出来。

　　仅仅财务了解增值税是不够的。税务筹划，不只是属于财务的那些事儿。物业管理企业如果按照目前的学习节奏和方式，还有很长的路要走。从经验来看，进行财务诊断、咨询也许是当下物业管理企业迅速改变现状的一条捷径。

　　（本文发表于《现代物业》2016年06期，文章名为"增值税，不仅是财务的事儿"，于2021年5月编辑整理）

后记

　　这篇文章虽然完成于几年前刚实施营改增的时候，但是文中的观点今天依然是成立的，关于增值税的重要性、增值税的风险，都是管理者需要重视和研究的内容。

> 曾经实力弱小的物业管理企业,通过"挂靠"解决了资质或品牌的问题,但"挂靠"也给物业管理企业带来巨大的税务风险。

物业管理企业挂靠经营的涉税风险

挂靠经营,是指企业、合伙组织、个体户或者自然人与另外的一个经营主体达成依附协议,然后依附的企业、个体户或者自然人将其经营的财产纳入被依附的经营主体名下,并对外以该经营主体的名义进行独立核算。

在市场经营活动中,大量存在着挂靠经营行为,例如建筑行业的挂靠分包,资质企业进行挂靠管理,施工方实际经营管理项目。在该经营管理模式下,资质企业大都以挂靠经营方式为主,提供资质挂靠、收取管理费。资质企业基本不参与项目的具体管理和日常经营。在物业管理行业实践中,类似采用挂靠经营的情况也并不鲜见。挂靠经营解决了企业或个人因资质问题而产生的经营障碍,但是挂靠经营对于挂靠方和被挂靠方来说,均存在着一定的法律风险。实际操作中,主要是通过双方签订协议来明确彼此的权责。在营业税的条件下,税务风险并不显著。但是在增值税条件下,对于挂靠经营有着明确的界定,其涉税风险大增。

一、纳税人的确定

在挂靠经营模式下,根据双方意愿和协商的结果,既可能希望被挂靠人为纳税人,也可能希望挂靠人为直接纳税人。但是增值税相关条例对于纳税义务人有着严格的界定。

根据《营业税改征增值税试点实施办法》第二条规定,单位以承包、承租、挂靠方式经营的，承包人、承租人、挂靠人（以下统称承包人）以发包人、出租人、被挂靠人（以下统称发包人）名义对外经营并由发包人承担相关法律责任的，以该发包人为纳税人。否则，以承包人为纳税人。

例1

A物业管理公司属于一级资质企业，B物业公司属于二级资质企业，B拟投标C项目，C项目对于投标企业要求需一级资质。B企业挂靠A企业，成功投标C项目。在后期实质经营管理阶段，有两种模式。

第一种模式。A公司成立分公司D，B以D公司的名义管理C项目，并对外发生经济往来，并独立承担相关的权责。这是行业里最常见的模式。在这种经营模式下，经营管理C项目所产生的纳税义务人应为D公司，但是由于D公司非独立法人，最终所产生的法律风险由A公司承担。

第二种模式。B公司为了扩大自身的品牌影响，以B公司名义管理C项目，并对外发生经济往来，并独立承担相关权责。那么同样是挂靠经营，此时经营管理C项目所产生的纳税义务人就不再是D公司或者A公司，而是B公司自身。

纳税义务人的确定并不仅仅是个身份确认的问题，它是合规开票、合规经营的基础，决定了企业的涉税风险。

二、开票风险

增值税和其他税种有个很大不同之处，增值税很多违法处罚不仅来自税法的相关规定，更来自刑法。比如：《刑法》第二百零五条【虚开增值税专用发票、用于骗取出口退税、抵扣税款发票罪】规定，虚开增值税专用发票或者虚开用于骗取出口退税、抵扣税款的其他发票的，处三年以下有期徒刑或者拘役，并处二万元以上二十万元以下罚金；虚开的税款数额较大或者有其他严重

第五章 物业管理企业的风险控制与税务筹划

情节的，处三年以上十年以下有期徒刑，并处五万元以上五十万元以下罚金；虚开的税款数额巨大或者有其他特别严重情节的，处十年以上有期徒刑或者无期徒刑，并处五万元以上五十万元以下罚金或者没收财产。

什么是虚开增值税专用发票？根据《全国人民代表大会常务委员会关于惩治虚开、伪造和非法出售增值税专用发票犯罪的决定》最高人民法院做出解释：具有下列行为之一的，属于"虚开增值税专用发票"：①没有货物购销或者没有提供或接受应税劳务而为他人、为自己、让他人为自己、介绍他人开具增值税专用发票；②有货物购销或者提供或接受了应税劳务但为他人、为自己、让他人为自己、介绍他人开具数量或者金额不实的增值税专用发票；③进行了实际经营活动，但让他人为自己代开增值税专用发票。

在挂靠经营中，由于挂靠人和被挂靠人处于一种合作关系，纳税义务界限不够清晰，使得错误开具发票的情况时有发生。很容易触碰虚开增值税专用发票这道红线。

例2

假设例1第一种模式中，D公司在经营C项目的过程中，产生了一笔临时服务收入21.2万元。由于D公司是小规模纳税人，为了满足客户对增值税专用发票的要求，由B公司开具了税率为6%的增值税专用发票，并代收了相应服务收入。则：B公司代D公司开具发票的行为以及客户收取增值税专用发票的行为即涉嫌虚开增值税专用发票。

那么挂靠经营应如何正确开票呢？《关于纳税人对外开具增值税专用发票有关问题的公告》（国家税务总局公告〔2014〕第39号）规定，自2014年8月1日起，纳税人通过虚增增值税进项税额偷逃税款，但对外开具增值税专用发票同时符合以下情形的，不属于对外虚开增值税专用发票：①纳税人向受票方纳税人销售了货物，或者提供了增值税应税劳务、应税服务；②纳税人向受票方纳税人收取了所销售货物、所提供应税劳务或者应税服务的款项，或者取得了索取销售款项的凭据；③纳税人按规定向受票方纳税人开具的增值税专用发票相关内容，与所销售货物、所提供应税劳务或者应税服务相符，且该增值税专用发票是纳税人合法取得、并以自己名义开具的。受票方纳税人取得的符合上述情形的增值税专用发票，可以作为增值税扣税凭证抵扣进项税额。

国家税务总局公告2014年第39号解读稿明确，对于挂靠经营如何适用该公告，需要视不同情况分别确定。第一，如果挂靠方以被挂靠方名义，向受票方纳税人销售货物、提供增值税应税劳务或者应税服务，应以被挂靠方为纳税人。被挂靠方作为货物的销售方或者应税劳务、应税服务的提供方，按照相关规定向受票方开具增值税专用发票，属于本公告规定的情形。第二，如果挂靠方以自己名义向受票方纳税人销售货物、提供增值税应税劳务或者应税服务，被挂靠方与此项业务无关，则应以挂靠方为纳税人。这种情况下，被挂靠方向受票方纳税人就该项业务开具增值税专用发票，不在该公告规定之列。

三、增值税的销项和进项难以平衡

挂靠经营双方表面上看是利益共同体，挂靠方解决资质问题，被挂靠方收取挂靠管理费。但在实践中，被挂靠方对挂靠方的管理通常是松散的、甚至是完全失控的。在例1的第一种模式中，如果A公司是一般纳税人，那么D公司产生的进项和成本并不能抵扣A公司的销项和收入。在这种模式下，A公司平均税负要高很多，相应的纳税风险增大。

四、核算风险

增值税要求企业（特别是一般纳税人）核算完备。但是，在挂靠经营的模式下，被挂靠方有一部分账务（收入和成本）并没有计入公司整体，而是属于挂靠方，从形式上来看，并没有纳入被挂靠方的整体核算。除了增加了双方税负平衡的难度外，也使得被挂靠方核算存在重大瑕疵，有可能被认定为"核算不清"，带来很大的税务风险。

在增值税条件下挂靠经营的税务风险很大，需要企业谨慎应对。

（本文发表于《现代物业》2016年05期，文章名为"增值税条件下，挂靠经营的涉税风险"，于2021年5月编辑整理）

> **后记**
>
> 2018年3月8日，住房城乡建设部颁布39号文《关于废止〈物业服务企业资质管理办法〉的决定》，宣告物业管理企业的资质取消。但是基于新成立的企业往往短期内难以取得市场信任，挂靠经营在行业市场中还有存在的需求，因此上文中所指出的挂靠经营及其涉税风险依然是存在的。

不同的业务模式，有不同的计税方式。加强对增值税的政策解读与应用能力更是企业不可忽视的重要功课。

增值税条件下物业管理企业的兼营与混营

随着税制改革的不断推进，增值税现已全面覆盖各个行业。在营改增的过程中，物业管理企业不仅在财务管理、税务处理上需要及时调整跟上新政的步伐，在业务规划甚至是战略布局上都需要进行优化，其中就包括了对多元化经营业务方面的布局与调整。增值税条件下，物业管理企业如何规划和开展多种经营业务，才能充分享受红利呢？

由于增值税是以商品（含应税劳务）在流转过程中产生的增值额作为计税依据而征收的一种流转税，因此，对销售额的确定是缴税的依据和前提。物业管理行业销售额的确定，按业务划分，通常包括物业管理收入、停车费收入、家政收入和其他服务收入。由于不同的业务税率也不同，在确定应税收入时，需要分不同的业务确认销售额。在这个过程中，很容易产生兼营和混营的行为。

一、什么是兼营

根据《营业税改征增值税试点实施办法》第三十九条规定，纳税人兼营销售货物、劳务、服务、无形资产或者不动产，适用不同税率或者征收率的，应当分别核算适用不同税率或者征收率的销售额。

如果纳税人兼有不同的货物、服务，有不同的税率，要分别核算，也就是说要根据不同的业务进行核算。对于没有分业务核算的，税法也有相应的规定。

《营业税改征增值税试点有关事项的规定》

未分别核算的：

A. 兼有不同税率的销售货物、加工修理修配劳务、服务、无形资产或者不动产，从高适用税率。

B. 兼有不同征收率的销售货物、加工修理修配劳务、服务、无形资产或者不动产，从高适用征收率。

C. 兼有不同税率和征收率的销售货物、加工修理修配劳务、服务、无形资产或者不动产，从高适用税率。

简单概括就是，对于没有分业务确认收入的行为，就采取从高税率征收的原则。

例1

某物流公司2013年5月取得收入500万元，其中450万元为物流运输收入，50万元为自提客户因迟来提货收取的货物堆放占用费等（上述收入均为不含税收入），如表5-1所示。

表5-1 某物流公司不同收入及税率

收入类别	行业	税率	营业额（万元）
物流运输收入	适用运输行业	11%	450
货物堆放占用费	适用现代服务业	6%	50

其中，450万元的物流运输收入适用于交通运输行业的11%税率，而50万元的货物堆放占用费，是由于客户未及时提取货物，占用物流公司场地，被收取的费用，属于物流公司向客户收取的服务费。通常，很多物流公司在面对这种情况时，并未采取分业务核算的方式。比如，客户来提取货物，其运输费用是1000元，超期提货产生的货物堆放占用费是100元，物流公司收取费用后向

客户开具的发票往往是将两项金额统一开成1100元的运输费发票。在没有分开核算的情况下，这1100元的收入就会全部被界定为交通运输收入。

第一，按照未分开核算申报的方式，该物流公司应纳税额计算如下。

应税销售额：450+50=500（万元）

适用税率：11%

销项税额：500×11%=55（万元）

本来只有450万元适用于11%的税率，另外的50万元适用6%的税率，由于没有分别核算收入，销项税额就变成了55万元。

第二，按要求分别核算申报，该公司应纳税额计算如表5-2所示。

表5-2　按适用税率应纳税额

	应税销售额（万元）	适用税率	销项税额（万元）
物流运输收入	450	11%	49.5
货物堆放占用费	50	6%	3
合计	500	—	52.5

可以看到，未分开核算与分开核算的税负相比，多了2.5万元。如果处理不当，物业管理行业也可能出现类似状况：

例2

Y物业公司2016年5月取得收入500万元，其中450万元为物业管理费收入，50万元为停车费收入（上述收入均为不含税收入），如表5-3所示。

第五章 物业管理企业的风险控制与税务筹划

表5-3 某物业公司不同收入及税率

收入类别	行业	税率	营业额（万元）
物业管理费	生活服务业	6%	450
停车费收入	租赁服务（经营租赁）	11%	50

物业管理行业是服务业，适用税率是6%。停车费收入属于不动产租赁，税率是11%。正常情况下，物业管理企业应该是分别核算两项收入的。假设由于企业管理不完善，只是按照简单办法进行汇总缴税。也会影响到企业的实际税负。

第一，假设Y物业公司未采取分别核算的方式，那么Y公司的应纳税额计算如下。

应税销售额：450+50=500万元

适用税率：11%

销项税额：500×11%=55万元

第二，按要求分别核算申报，那么Y公司的应纳税额计算如表5-4所示。

表5-4 按适用税率应纳税额

	应税销售额（万元）	适用税率	销项税额（万元）
物业管理费	450	6%	27
停车费	50	11%	5.5
合计	500	—	32.5

可以看到，两种情况的销项税额相差22.5万元。

在营业税条件下，由于停车收入和物业管理费收入是同样的税率，税法上没有分开核算的要求，分开核算与否对企业的税负并无影响。但在增值税条件下，如果还用简单的方式核算，就会存在很大的风险。所以，企业一定要明确分项核算收入，避免落入高税率的风险当中。

很多物业公司在主营业务之外，都会开展多元化经营，除了物业管理服务以外，同时还有其他的业务类型，例如车位租赁、生活服务、产品销售等，虽然都不是主营业务，但是都属于兼营项目，都需要按不同的业务类型、不同的税率来进行申报。

除了兼营以外，还有混营，也就是混合销售。很容易与兼营相混淆。

二、什么是混合销售

《增值税暂行条例实施细则》第五条规定：一项销售行为如果既涉及货物又涉及非增值税应税劳务，为混合销售行为。除本细则第六条的规定外，对于从事货物的生产、批发或零售的企业、企业性单位及个体工商户的混合销售行为，均视为销售货物，缴纳增值税；对于其他单位和个人的混合销售行为，视为提供非增值税应税劳务，不缴纳增值税。

尽管这个并不是新条例，但最能体现混合销售的含义。在增值税和营业税并存的时代，很多企业在主营业务以外，既有增值税业务，还兼有营业税业务。在营改增政策实施之后，也仍然存在混合销售业务。

财税〔2016〕36号文件（《财务部国家税务总局关于全面推开营业税改征增值税试点的通知》）：第四十条一项销售行为如果既涉及服务又涉及货物，为混合销售。从事货物的生产、批发或者零售的单位和个体工商户的混合销售行为，按照销售货物缴纳增值税；其他单位和个体工商户的混合销售行为，按照销售服务缴纳增值税。

本条所称从事货物的生产、批发或者零售的单位和个体工商户，包括以从事货物的生产、批发或者零售为主，并兼营销售服务的单位和个体工商户在内。表5-5列示了如何区分混营和兼营。

表5-5 如何区分混营和兼营

	混合销售	兼营
是否同时发生	同时发生	不一定
是否针对同一销售对象	针对同一对象	不一定
	同一销售行为	同一纳税人
	价款来自同一买方	价款来自不同消费者
税务处理	根据纳税人的主营业务，合并征收一种税	分别核算的：分别缴纳增值税、营业税
		未分别核算：由主管税务机关核定货物或者应税劳务的销售额

增值税的全面实施，不仅关系到物业管理企业的财务管理与税务处理，对企业的业务运营、经营决策也都会产生一系列影响。加强对增值税的政策解读与应用能力更是物业管理企业不可忽视的重要功课。

（本文发表于《现代物业》2017年05期，文章名为"增值税条件下兼营与混营"，于2021年5月编辑整理）

后记

虽然营业税取消了,但是混合销售行为依然存在,很多管理者甚至财务工作者对混合销售的忽略,让企业对涉税业务的判断产生错误,从而出现多缴税的现象。

税收优惠在一定程度上有助于减轻物业管理企业的负担。但相对于短期的优惠政策,企业更需要的是提升自身持续发展的能力。

疫情下物业管理企业的税收优惠

3月10日,国家税务总局办公厅发布新版《支持疫情防控和经济社会发展税费优惠政策指引》,从支持防护救治、支持物资供应、鼓励公益捐赠、支持复工复产四个方面对17项政策逐一进行解读,更好帮助纳税人、缴费人准确掌握和及时享用各项新出台的税费优惠政策。

历经近三个月,在全国人民的努力下,国内疫情终于得到控制,与之相对的是国外疫情形势的严峻,为了应对这场持久战,做好新冠肺炎疫情防控和复工复产,国家税务部门也推行了一系列的优惠政策,鼓励企业积极参与防疫工作,并快速复工复产。

物业管理企业处于防疫工作的一线,承担着社区管控和保障居民生活正常运行等重要的社会管理责任,随着复工复产和开学返程,防疫的重点也将延伸到写字楼、商场、学校等区域,防控范围不断扩大,物业管理企业也面临巨大的挑战。了解和充分运用税收优惠政策,会在一定程度上减轻物业管理企业的负担。

针对疫情,财政部税务总局相继颁布了一系列优惠政策,其中影响比较大的有第8号文(《财政部税务总局关于支持新型冠状病毒感染的肺炎疫情防控有关税收政策的公告》)、第10号文(《财政部税务总局关于支持新型冠状病毒感染的肺炎疫情防控有关个人所得税的公告》)和第13号文(《财政部税务总局关于支持个体工商户复工复业增值税政策的公告》)。

一、第8号文，增值税优惠

财政部税务总局发布的2020年第8号文，重点是为疫情防控重点保障物资生产企业提供了税收优惠政策。

除此之外，第8号文第三条规定，对纳税人运输疫情防控重点保障物资取得的收入，免征增值税。物业管理企业因配合社区联动防疫等工作需要，运输口罩、防护服、护目镜或消毒剂等防疫物资产生的收入，可以免征增值税。

第8号文第五条规定，对纳税人提供公共交通运输服务、生活服务，以及为居民提供必需生活物资快递收派服务取得的收入，免征增值税。生活服务、快递收派服务的具体范围，按照《销售服务、无形资产、不动产注释》（财税〔2016〕36号印发）执行。

有企业认为物业管理服务属于"生活服务"范畴，实际上，根据财税〔2016〕36号文的规定，"生活服务业"包含文化体育服务、教育医疗服务、旅游娱乐服务、餐饮住宿服务、居民日常服务和其他生活服务六类，并不包含物业管理服务。物业管理服务属于现代服务业-商务辅助服务-企业管理服务类别。因此，物业管理企业并不能享受第8号文第五条的优惠政策。对此，有很多业内人士呼吁将物业管理纳入生活服务业。

河南省住房和城乡建设厅、河南省发展和改革委员会、河南省财政厅、河南省自然资源厅、河南省地方金融监督管理局及国家税务总局河南省税务局联合发文（豫建文〔2020〕13号）《关于应对新冠肺炎疫情影响防范和化解房地产市场风险的若干意见》第七条中就明确指出：物业服务企业、住房租赁企业可按照生活性服务业享受有关支持政策。但是，这些地方规定只能让物业管理企业享受地方的优惠政策，不能改变第8号文的政策原意。

二、第10号文，个税优惠

财政部税务总局发布的2020年第10号文，享受主体是参加疫情防治工作的医务人员和防疫工作者。

第10号文第一条：对参加疫情防治工作的医务人员和防疫工作者按照市政府规定的标准取得的临时性工作补助和奖金，免征个人所得税。以奈斯咨询在武汉一家客户为例，该公司派出员工配合社区、街道办开展联动防疫工作，为该区域的隔离酒店开展防疫消毒工作，该公司派出的员工即属于防疫工作者，其开展防疫工作所取得的补助和奖金，免交个人所得税。

第10号文第二条：单位发给个人用于预防新型冠状病毒感染的肺炎的药品、医疗用品和防护用品等实物（不包括现金），不计入工资、薪金收入，免征个人所得税。物业管理企业以实物形式发给员工的防疫物资，免征个人所得税。

三、第13号文，个税优惠

财政部税务总局发布的2020年第13号文，该文虽然标题是面向个体工商户，但其公告内容适用于所有小规模纳税人。第13号文公告称："自2020年3月1日至5月31日，对湖北省增值税小规模纳税人，适用3%征收率的应税销售收入，免征增值税；适用3%预征率的预缴增值税项目，暂停预缴增值税。除湖北省外，其他省、自治区、直辖市的增值税小规模纳税人，适用3%征收率的应税销售收入，减按1%征收率征收增值税；适用3%预征率的预缴增值税项目，减按1%预征率预缴增值税。"

凡属于小规模纳税人的物业管理企业均可以享受第13号文的税收优惠政策。对适用3%征收率的应税销售收入，湖北省内小规模纳税企业可以免征增值税，湖北省外小规模纳税企业减按1%征收率征收增值税。也就是说，湖北省的小规模物业管理企业在这三个月（3月、4月、5月）免征增值税，湖北省以外的小规模物业

第五章 物业管理企业的风险控制与税务筹划

管理企业减征增值税2/3。

不过需要注意的是，由于这是个阶段性的优惠政策，且从3月开始享受。小规模纳税企业在办理增值税申报时，免征增值税的销售额等项目应填写在《增值税纳税申报表（小规模纳税人适用）》及《增值税减免税申报明细表》免税项目相应栏次。减按1%征收率征收增值税的销售额应填写在《增值税纳税申报表（小规模纳税人适用）》"应征增值税不含税销售额（3%征收率）"相应栏次，对应减征的增值税应纳税额按销售额的2%计算填写在《增值税纳税申报表（小规模纳税人适用）》"本期应纳税额减征额"及《增值税减免税申报明细表》减税项目相应栏次。

税收优惠在一定程度上有助于减轻物业管理企业的负担。但相对于短期的优惠政策，企业更需要的是提升自身持续发展的能力。一些物业管理企业在疫情期间，通过各种服务与业主增进了沟通，充分展示了自身的管理水平与优质服务，赢得了业主的认可，甚至是更多的市场机会。

（本文发表于《住宅与房地产》2020年10期，文章名为"疫情下物业管理企业的税收优惠"，于2021年5月编辑整理）

> 有老板认为企业是自己的,所以自己给自己发不发工资或年终奖都无所谓。真是这样吗?

物业管理企业"老板"也要发年终奖?

年终奖是很多物业管理企业使用的薪酬激励手段,针对企业内部不同层级的员工,年终奖有不同的表现形式。有的企业采用年终双薪的方式,有的企业采用与利润、绩效挂钩的方式进行计算发放。不管实际效果如何,年终奖是普遍存在的一种薪酬奖励模式,在企业实践中存在着不少问题。很多物业管理企业的老板都有这样一种认识,公司是自己的,公司所有的资产和资金都是自己的,自己给自己发工资、自己给自己发年终奖没什么实际意义,还要缴个人所得税。

这种观点对吗?

一、企业"老板"和企业是两个不同的主体

大部分物业公司都是有限公司,有时股东不止一人,股东如果是自然人,也可能在公司任职。因此,公司并不一定只属于某一个人。即便股东是单一股东,如果其在公司任职,在公司支取工资和年终奖也是正常、合理且应该履行的行为。这反而能正确地体现公司的企业经营管理水平和成本水平。当然,"老板"自愿不领取工资和年终奖也是合法的。公司和股东是两个不同的主体,即使前者为后者所有,两者也并不等同。

二、"老板"发年终奖的涉税问题

如果"老板"要领取年终奖,确实会涉及缴纳个人所得税问题。可是,老板的年终奖本身也是企业的成本支出,它会减少企业利润,从而减少企业的所得税支出。那么,从这方面考虑,老板究竟该发年终奖还是不发年终奖呢?

例1

某物业公司股东陈一任职该公司总经理,其本人占股10%。陈一作为总经理,享受公司正常的薪资福利,但是其和公司有约定,不享受年终奖,只作为股东享受年终分红。2018年该公司税前盈利150万元。

按照上述情况,可计算陈一最终得到的年终分红:

1.确定企业所得税前利润:150万元

2.确定陈一享受的利润份额10%:150×10%=15(万元)

3.10%部分应承担的企业所得税:15×25%=3.75(万元)

4.陈一可分税后利润:15-3.75=11.25(万元)

5.计算陈一股东分红应缴纳的个人所得税:11.25×20%=2.25(万元)

6.陈一扣除个税后的分红金额:11.25-2.25=9.00(万元)

详细计算步骤如表5-6所示。

表5-6 计算年终分红步骤

序号	项目	金额(万元)	计算
1	税前利润	150	续表
2	陈一可享受其中10%	15	150×10%
3	减:该部分应承担的企业所得税25%	3.75	15×25%
4	该部分税后利润	11.25	15-3.75

序号	项目	金额（万元）	计算
5	陈一缴纳20%个税	2.25	11.25×20%
6	陈一税后分红	9	11.25-2.25

综上所述，陈一税前分红15万元，其中缴纳企业所得税3.75万元、个人所得税2.25万元，两项综合税负高达40%，最终实际收入9万元。

如果上述情况做以下调整：陈一和公司达成协议，其每年享受年终奖，年终奖金额为税前利润的10%，此外不再享受年终分红，只享受股东投票等其他权利。情况将是怎样呢？

根据上述数据，陈一最终得到的年终奖为：

1.确定税前分红基数：150万元

2.确定陈一享受的年终奖金额：150×10%=15（万元）

3.确定年终奖平均每月金额：15÷12=1.25（万元）

4.年终奖个税适用税率为20%，速算扣除数为1410

5.计算年终奖应缴纳个人所得税：150000×20%-1410=28590（元）

6.税后收入：150000-28590=121410（元）

详细计算步骤如表5-7所示。

表5-7　计算年终奖步骤

序号	项目	金额	计算
1	年终奖	150000元	
2	平均每月	12500元	150000÷12
3	适用税率	20%	
4	速算扣除数	1410元	

续表

序号	项目	金额	计算
5	应缴个人所得税	28590元	
6	税后收入	121410元	

在方案二中,由于支付给陈一的15万元年终奖,可以作为成本,最终企业的税前利润变为150-15=135万元,该135万元是剩余90%股份可分享的税前收益,这和方案一的结果完全相同。

从上例中看到,方案一和方案二对企业来说,结果是完全相同的。可是同样是15万元,作为股东分红陈一只得到了9万元,作为年终奖陈一得到了12.141万元。在上例中,年终奖的个税税负为19.06%,远低于股东分红的40%。这是导致两种截然不同的结果的根本原因。

从例1中可以很容易得出一个结论,老板发年终奖比不发年终奖划算。从实践来说,很多物业管理企业是单一股东控股,不存在例1中的分红问题,但是道理却是一样的,对于老板来说,给不给自己发年终奖,结果税负大不相同。这是就上述例1中15万元年终奖而言的,理论上来说,并不是任何情况下,都是这个结果。年终奖的个人所得税适用工资薪金的七级超额累进税率,如表5-8所示。

表5-8 个人所得税适用工资薪金的7级超额累进税率

级数	全月应纳税所得额（含税级距）	全月应纳税所得额（不含税级距）	税率（%）	速算扣除数（元）
1	不超过3000元的部分	不超过2910元的	3	0
2	超过3 000元至12 000元的部分	超过2 910元至11 010元的部分	10	210
3	超过12 000元至25 000元的部分	超过11 010元至21 410元的部分	20	1 410

续表

级数	全月应纳税所得额（含税级距）	全月应纳税所得额（不含税级距）	税率（%）	速算扣除数（元）
4	超过25 000元至35 000元的部分	超过21 410元至28 910元的部分	25	2 660
5	超过35 000元至55 000元的部分	超过28 910元至42 910元的部分	30	4 410
6	超过55 000元至80 000（元）的部分	超过42 910元至59 160元的部分	35	7 160
7	超过80 000元的部分	超过59 160元的部分	45	15 160

从税率表中可见，年终奖的最低税率是3%，最高税率是45%。其个税税负随金额的增大而增长。

例2

假设某物业公司的一位高管的年终奖金额为100万元，其应纳个人所得税及税负是多少呢？

具体计算见表5-9。

表5-9 应纳个人所得税及税负

序号	项目	金额	计算
1	年终奖	1 000 000元	
2	平均每月	83 333.33元	1 000 000÷12
3	适用税率	45%	
4	速算扣除数	15 160元	
5	应纳个人所得税	434 840元	1 000 000×45%-15160

续表

序号	项目	金额	计算
6	税负率	43.48%	

从表5-9中计算可知，100万元年终奖的税负率为43.48%，超过了例1中第一方案40%税负率。因此，对于类似于100万元的大额奖金，就不适用于例1中的第二方案。不过，这并不意味着其思路是不可行的。我们可以将老板的年终奖金额控制在一定的范围内，比如30万元，则仍然可以减少最终税负。因此，老板要发年终奖！这是对年终奖优惠税率的充分享用。

不过，需要注意的是，老板发年终奖需要注意"老板"本身必须是在公司任职，单纯的财务投资的股东并不具备发年终奖的条件。根据国税发〔2005〕9号文的规定，年终奖政策只适用于员工，不适用于非员工。而且一个员工年终奖政策12个月内只能使用一次。

（本文发表于《住宅与房地产》2017年05期，文章名为"企业老板也要发年终奖"，于2021年5月编辑整理）

后记

企业主要不要发工资？要不要发年终奖？企业是老板的，所以发不发一个样吗？发不发，是企业的自由，都是合法的选择。仅从税务的角度来看，两者结果差异很大。因此需要筹划。

财务风险的管控和外部的意外风险不同，有着成熟的内部管控理论和方法，无论是外部风险还是内部风险。财务内审就是管控内部风险的有效手段。

> 财务内审是企业防范风险的有效手段。企业如果有上市规划，更需要通过内审逐步规范企业的管理系统。

物业管理企业怎样开展财务内审

通常企业在作上市、投资、收并购等决策时，必须通过财务审计来了解目标公司的运营情况与真实的财务状况。而对于物业管理企业能够定期开展财务审计工作的却并不多。其实，企业在日常经营过程中的财务审计很重要。

电视剧《那年花开月正圆》中就有这样一个情节：吴家大当家周莹向吴老二质疑，吴家的三原典当行一年红利只有两千两，而当地同等规模的典当行一年的盈利都是万两以上，她判断三原典当行一定有问题。当吴老二亲自前往三原典当行了解情况时，果不其然发现典当行的伙计私受贿赂、随意定价，有规矩不守、有法则不遵。而当吴老二提出查账的要求时，典当行的掌柜与伙计先是百般推诿，最后更是一把火把整个典当行烧了个一干二净。

如果，当初典当行的老板能够定期查账，及时发现伙计与账目的问题，也就不至于酿成后来一系列的悲剧。当然，这只是电视剧。但类似的状况，在现实中也并不罕见。诸如收入不记账、多收少记或少付多记，虚报冒领费用，隐瞒收入，利用漏账、错账截留资金等行为，都体现出了企业管理中的问题：管理混乱、制度缺失、监督机制的缺失。财务内审制度，通过对企业财务经营状况、收支状况等方面的审查，能够及时发现企业经营和管理过程中的漏洞和问题，掌握企业内部的管理和控制情况，从而对企业内部控制的薄弱环节和缺陷提出改进措施和建议。财务内审，不仅是企业进行重大决策时的支持工具,更是企业经营过程中的重要的监督手段。

物业管理企业该如何开展财务内审工作?

第一,建立内审机构。目前大多数物业公司都没有成立专门的审计机构,但事实上企业都有定期开展财务审计的需要。这种情况下,企业需要明确开展审计工作的部门与人员。通常企业开展财务审计时,是由财务部门牵头,由财务部的负责人、分管领导、内审人员共同组成内审小组,内审人员通常由公司内部负责工作考核的人员担任。

第二,规范内审流程。在开展正式的内审工作前,内审小组需要与公司各部门负责人、业务骨干充分沟通,了解公司各项管理制度与业务流程,初步筛查制度与流程设计中可能存在的缺陷、漏洞。内审小组需要制订详细的内审工作计划,编制内审项目清单,报公司管理层审批后,正式向各部门、各经营单位下发内审通知,然后开展正式的内审工作,如图5-1所示。

内审计划 → 审批 → 内审通知 → 实施审计

图5-1 企业内审的工作流程

第三,明确内审范围。企业开展财务内审的范围主要包括制度审计、流程审计和其他审计。制度审计,主要审核的是企业的各项管理制度,包括资金管理、计划管理、预算管理、收费管理、财务管理制度与会计核算制度等。流程审计,主要是指涉及资金的业务管控流程,例如收费流程、报销流程、费用审批流程、采购流程等。其他审计,是指对资产管理、物资管理、财务报表、会计账目等相关资料的审核。

第四,掌握内审重点。针对物业管理行业特点,审计控制的重点一是资金，二是采购环节，包括采购物资和供应商选择。

对资金的审计重点主要是对企业的各项收入，包括物业管理费收入、代收代缴或转售水电费收入、物业租赁收入、停车场收入等。由于物业管理企业的收入类型比较多，因此审计的重点是收入确认的真实性和规范性。以停车场收入为例，企业在开展财务内审时，需要运用停车场智能管理系统内的信息对应检查停车费的收入是否准确完整，公司对这些收入入账是否及时、完整、规范，是否存在截流或疏漏。甚至有些企业的审计人员会采取暗访调查的形式，暗中观察统计停车情况，估算停车收入，与实际入账金额进行比较，了解现金入账的及时性。

对于采购环节，审计的重点是物料采购的真实性、供应商选择的合理性。例如，对于物业服务所需的设备、工具及维修材料，应重点关注非消耗品的大量频繁采购以及价格异常的情况，维修材料是否对物业公司当期的工程维修量相符等。对于供应商的选择，要关注供应商的收费标准、质量与市场水平的比较，以及合约条款的合理性。

除了资金与采购环节外，物业管理企业的财务内审还要关注年度财务收支的执行情况、重要经济事项的决策与执行情况、应收账款的增减情况、员工工资发放与离职人员费用支付情况、招待费等支出情况。

第五，编制内审报告。内审小组完成各项内审工作后，需要编制内审工作报告。常规企业财务内审报告应包括两大部分：一是内审问题汇总，从制度、流程、其他几个方面列出内审发现的问题、分析与整改建议，这部分是对内审工作结果的全面总结。二是内审意见，内审意见是内审报告中最重要的部分，要对内审中发现的问题，明确指出责任单位、责任人、整改要求、整改期限与奖惩措施。内审意见是促使内审发现的问题能够及时处理的关键举措。

第六，内审后的复检。在内审报告约定的时限，内审小组需要对内审问题的责任单位、责任人进行复检，督促内审发现的问题及时改进，对于没有及时整改的事项需要责任单位或责任人进行专项说明，采取相应的奖惩措施，再次督促或提出整改要求，并上报公司领导，直至该事项处理完毕。内审后的复检工作在整个内审工作中十分重要，完成内审后的复检才是一次财务内审工作的闭环。

财务内审是一项专业的工作，内审人员不仅需要了解物业管理业务特点，还需要具备专业的财会与税务知识，能够在内审工作中及时发现企业管理者难以意识到的问题与漏洞。很多物业管理企业的财务人员自身都缺乏专业的财税知识，在日常的会计核算、账务处理与税务处理过程中都是问题多多。也因此，很多财务人员在开展企业的财务内审工作时，往往难以发现自身的问题。这样的内审工作既耗费时间，也难以达到通过内审督促经营规范、防范运营风险的目的。

物业管理企业可以聘请第三方机构进行财务内审，选择了解物业管理行业且具备专业的财税知识的第三方机构，对企业开展针对性的财务内审工作，这样既能够达到企业开展财务内审工作的目的，同时还能够通过第三方实施财务内审的工作过程，及时发现企业内部财务管理的漏洞，从而真正杜绝财务风险。

财务内审既是一次对企业的全面诊断，也是促使企业发展趋向规范化的重要手段。对于有计划上市的物业管理企业，定期开展财务内审有利于上市前期的财务规范，为企业奔赴上市奠定良好的基础。

（本文发表于《现代物业》2017年10期，文章名为"物业管理企业怎样开展财务内审"，于2021年5月编辑整理）

后记

财务内审和通常的企业外部财务审计属于不同的范畴,解决不同的问题,有不同的侧重点。要通过财务内审发现内部管理中的潜在风险,发现管理中的问题,并提出合理的建议。无论是财务风险,还是税务筹划,涉及内容很多。短短数篇文章,只是提示管理者不要忽略财务风险和税务筹划。

第六章

物业管理企业的上市发展

- 王卫：上市的好处是融资，获得发展企业所需的资金。顺丰也缺钱，但是顺丰不能为了钱而上市。
- 立白副总裁徐晓东：上市的目的一般来说有两个，一是提高知名度，二是融资。上市融资固然好，但不是"一上就灵"，要根据企业的实际需要进行。
- 任正非：如果大量资本进入华为，就会多元化，就会摧毁华为20多年来还没有全理顺的管理。
- 为何上市？上市后做什么？如何做？这是物业管理企业上市前需要想清楚的。

上市，不是跟风，不是盲从，更不是仅为披件资本的外衣。

上市，需要企业更具理性的思考。

物业管理企业上市，不仅是披上华贵的资本外衣

2016年7月12日，绿城中国旗下的物业管理公司——绿城服务集团有限公司（以下简称绿城服务）在港交所挂牌上市。其上市首日表现不俗，截止到收盘总市值达到61.1亿港元，市盈率超过之前上市的彩生活，成为在香港上市的最大市值内地物管公司，但其当天公开发售认购不及一半。有媒体记者向绿城服务的管理者发问，这是否意味着公司并不被资本市场看好？绿城服务表示，公开认购只占整个股票发行的10%，这部分是认购不足，但占比90%的国际发售已经超额几倍。值得关注的是，绿城服务作为第四家登陆港交所的内地物业管理公司，毛利率偏低仍然是其上市后面临的一道坎，而绿城服务采取的主要策略仍是通过"收购"做大规模，计划将集资的近49%用于收购物业公司。

2014年6月，花样年集团旗下的深圳彩生活物业服务公司在香港分拆上市，成为中国内地首家上市的物业管理企业，引起了资本市场的关注和追捧。尽管彩生活的运营方式在业内存在很大的争议，但是其在上市后的两年里获得了高速增长，其规模已跃居行业前列。彩生活的成功也引来了很多效仿者，尤其是对其通过收购、并购快速扩大规模的方式效仿者众多。在此之前，行业内的企业是甚少关注和研究资本市场的。彩生活的上市，使很多物业公司甚至是其母公司地产公司，都对物业公司上市充满了期待和想象。2015年10月，中海物业在香港上市，11月，中奥到家也在香港上市。2014年下半年至2016年上半年，在近两年的时间里，

仅在新三板挂牌的物业公司就有30余家。到2018年年底已近60家。

近年来集中上市的物业公司，无论是港交所还是新三板，很多企业上市的首要目的，就是扩大规模、扩大市场占有率。规模化或许可以暂时给投资者们一些想象空间，但能否获得良好的回报，能否把这些想象变成收益，这并不是一件简单的事情。这也是目前物业公司在追求上市的过程中，并未真正想清楚的。

企业上市的目的是什么？自身的需求和条件如何？上市之后如何宣传？如何运作？这些都是应该在上市之前研究清楚的，但显然很多物业公司并没有搞清楚。这就造成了当下物业公司竞相申请上市，事实上很多新三板上市公司挂牌后很久都是"零成交"的状况。更有甚者挂牌不久就"悄然退市"。这样的上市能有多大意义？这样的上市行为，其背后的思维模式往往是：别人上市，我也上市；别人可以上市，我也可以上市；别人上市扩大规模，我也要……典型的从众心理导致了趋同的企业决策，其结果就是一窝蜂上市，然后是上市后的集体懵圈。

中国主板市场长期没有物业公司上市，并不是资本的疏忽，这和物业公司自身运营特点和成长状况相吻合。物业管理作为一个劳动密集型的行业，无论是快速还是持续提升主营业务收入都有难度。另外，充满想象力的O2O、社区资源运营等商业模式又未成熟落地。目前而言，也罕有物业公司运作成熟的实例。事实上，真正基于互联网的O2O商业模式，对于物业管理公司的依存度、客户忠诚度并没有想象中那么高。

那么，物业公司到底该不该上市？如何分析自己是否具备了上市的条件？上市后又该如何运作呢？

一、要清楚为什么上市

通常意义上来说，上市多半是为了募集资金。但对于大多数物业管理企业自身而言，募集资金往往不是其主要目的，甚至有些物业公司只是期望通过上市提高企业的知名度和地位。在这种情况下,企业就更应该明白上市的利弊(见表6-1)。

表6-1 企业上市的利与弊

企业上市的有利因素	企业上市的不利因素
1. 有利低成本筹集资金,改善企业资本结构 2. 分散股东风险 3. 提高企业管理的管理水平、透明度 4. 提高企业的品牌知名度 5. 改善企业的财政状况	1. 上市需要巨额花费(百万乃至千万以上的上市费用) 2. 透明度对企业管理水平要求严苛 3. 企业管理者的管理权容易受限 4. 企业估值存在被低估的风险 5. 有可能被恶意控股(如宝万之争)

现行物业公司选择上市大体有3种目的:①融资用于收购兼并,扩大企业占有率,扩大企业规模;②融资用于"互联网+"新业务的推广运营;③提高企业估值,通过资产证券化,管理者在继续保持控制权的情况下安全退出。作为企业管理决策者,首先必须明确自身上市的目的,才能够作出正确的决策。

二、做好上市前的准备

上市前的准备,不仅是指操作实务方面的准备,企业的管理决策层还要作好心理准备:确定上市的目标,则必须正视上市可能对企业带来的影响与冲击。不是每个企业都能够顺利实现上市,企业要有上市不成功的心理准备,对上市准备过程以及付出的成本要有一定的承受能力。同时,企业管理决策层与高管人员应该对企业的长远发展有清晰的目标,根据企业自身特点权衡利弊选择合适的资本市场。当前,新三板是众多物业公司选择上市的首选,其主要原因无外乎新三板的门槛设置相对其他资本市场来说比较低。但如果企业并不具备更充分的上市条件,只是为了上市而上市,那么选择新三板挂牌长期"零交易"并不能够为企业带来实质的好处。甚至长期来看，在物业管理企业扎堆上新三板的情况下，想通过上市提升品牌知名度的目标实现也会大打折扣。众多零成交或许还会使物业新三板成为一个黑标签，加分不成反而减分。

三、重视企业上市后的运作

企业上市成功，并不意味着上市目标的实现。相反，企业各方面的管理运营都将暴露在公众视野之下，这对企业的管理水平、运营能力、盈利空间等都有了更高的要求。因此，不少物业公司通过并购快速扩大规模实现上市，上市之后仍然不断收购并购持续扩大规模，若没有更好的盈利模式支撑，单纯凭借规模化也难以持续满足市场预期。企业仍然要在盈利模式的创新、业务发展方面下功夫。否则，上市也仅仅是多了一件资本的外衣而已。

上市，不是跟风，不是盲从，更不是仅为披件资本的外衣。上市，需要企业更具理性的思考。当然，上市也并非物业管理企业提高知名度、追求更快发展的唯一选择。不上市的华为，更显高人一等！

（本文发表于《现代物业》2016年07期，文章名为"上市，不仅是披上华贵的资本外衣"，于2021年5月编辑整理）

后记

上市可以得到什么，会失去什么，任正非、王卫、徐晓东这些企业大佬，他们已经想得很清楚了。自2014年6月彩生活在港交所上市以来，已有数十家物业管理企业成功上市，这还不包括新三板挂牌物业公司。但是很多物业公司初期对上市的目的、目标缺乏规划，因此上市后的发展并不理想，2014年至2017年上市的物业公司，无一家市值达到500亿港元，最好的中海及绿城也不足300亿港元。

上市，看上去很美，付出的代价也很高！

物业管理企业上市的成本

2016年11月8日，祈福生活服务控股有限公司（03686）（简称祈福生活）在港交所上市。祈福生活是在港交所上市的第五家物业公司，与其他四家上市公司不同，祈福生活提供的服务更加多元，从而以"小而美"的形象受到资本市场热捧。其管理的祈福新邨作为广东省最大的住宅社区，知名度颇高。

根据祈福生活公布的财务资料显示（见表6-2），该公司与物业管理无关的业务（零售和餐饮服务）占其整个业务的比例在70%左右（2015年约67%），物业管理相关业务只有30%左右（2015年约33%）。作为一家物业管理公司，这种收入结构在国内是极其少见的。

表6-2 祈福生活公布的财务数据

主要业务	2013年		2014年		2015年	
	金额（万元）	结构（%）	金额（万元）	结构（%）	金额（万元）	结构（%）
物业管理服务	3 524.7	16	4 338.6	18	5 067.2	19
零售服务	9 782.6	43	9 830.8	42	9 866.8	38

续表

主要业务	2013年		2014年		2015年	
	金额(万元)	结构(%)	金额(万元)	结构(%)	金额(万元)	结构(%)
餐饮服务	6 919	30	6 854.9	29	7 627.5	29
配套生活服务	2 486.7	11	2 660.1	11	3 549.7	14
合计	22 713	100	23 684.4	100	26 111.2	100

祈福生活在上市前的三年里盈利保持了持续增长，2013年、2014年、2015年净利润分别为3 274.20万元、3 425.7万元、4 009.4万元，盈利趋势良好。正因如此，祈福生活被资本市场看好。上市首日收盘，股价便上涨34.78%，总市值达到6.2亿元。

但祈福生活2016年业绩出人意料，全年净利润仅为2 305.4万元，比上年同期减少利润1 704万元，同比下滑幅度高达42.5%。

究竟是什么原因导致祈福生活盈利在上市首年便出现急剧反转呢？

是因为收入下滑吗？

公司年报显示，2016年实现收入28 968.1万元，比上年收入26 111.2万元，同比增长10.9%。

显然不是！

是因为毛利下降吗？

如果不是因为收入下滑，那是不是因为成本升高，从而毛利下降呢？2016年祈福生活销售成交总额16 963.3万元，比上年16 065.4万元，仅增长了5.58%，低于收入的增长；毛利额为12 004.8万元，比上年10 045.8万元，增长19.5%。

毛利不仅没有减少,反而大幅增长!

期间费用增长才是直接原因。

事实上,直接导致该公司2016年利润下滑的原因是期间费用支出的大幅增长。从表6-3中可以看出,营销费用、行政管理费用、企业所得税三项比2015年增长了3 745.7万元。其中,营销费用、企业所得税分别比上年增长了17.9%、11.5%,虽略高于收入的增长幅度10.9%,但是无论从增长绝对额、还是市场的角度来看,仍在正常范围内,并非造成该公司利润下滑的主要因素。真正直接造成该公司利润下滑的主要因素是该公司行政管理费用的大幅增长,增长额为3 225.3万元,增长率122.8%。

表6-3 企业期间费用支出

单位:万元

支出项目	2016年	2015年	增长额
营销费用	2 154	1 826.3	327.7
行政管理费用	5 852.8	2 627.5	3 225.3
企业所得税	1 861.9	1 669.2	192.7
合计	9 868.7	6 123	3 745.7

1.行政管理费用

行政管理费用一年内增长122.8%,这颇不寻常,究竟是什么因素造成的呢?

对该公司的行政开支数据进一步分析,见表6-4。我们可以清楚地发现影响行政开支的因素主要是第1、第2两项。第1项内容主要包括"行政部门的员工福利开支及办公室相关支出"。第2项内容主要是该公司"就筹备全球发售向专业人士支付的服务费"。为什么2016年业务仅增长10.9%的情况下，行政开支增长了66%，是不是因为公司上市从而导致了管理机构和管理人员增加而造成的呢？我们不得而知。但是可以确定的是，上市开支增加的1 718万元，和2016年减少的利润1 704万元基本相当，即上市开支的增加额正是2016年利润的减少额。

表6-4　企业行政管理费用支出

单位：万元

行政开支项目	2016年	2015年	增长额	增长率
日常行政开支	3 300.4	1 983.9	1 316.5	66.4%
上市开支	2 292.4	573.6	1 718.8	299.7%
其他开支	260	70	190	271.4%
合计	5 852.8	2 627.5	3 225.3	122.8%

2.上市支出

该公司2015年支付专业机构上市开支573.6万元，2016年支付2 292.4万元，两年合计支付2 866万元。这并不是上市支出的全部，仅仅是支付专业机构（证券、法律、会计）的支出。除此之外，上市公司还需要支付上市发行费用。祈福生活上市发行2.5亿股，每股发行价0.46港元，发行总额1.15亿港元，折合人民币10 106.6万元，支付股份发行成本1 368.8万元，上市公司实际收到股本8 737.8万元。

从这些公开的数据中我们可以看出，祈福生活至少支付了4 234.8万元上市相关成本，占10 106.6万元发行股份的41.9%，这个成本不可谓不高！这还没有考虑因为上市而增设的机构、人员等增加的间接管理成本。

除了祈福生活，其他在港交所上市的物业公司，上市支出也不菲，比如中奥到家不含发行费用的上市支出约4 000万元。

这8 737.8万元募集资金会给祈福生活带来多大的收益，带来多大的变化，在未来的市场发展中拭目以待。

（本文发表于《现代物业》2017年06期，文章名为"物业上市的成本有多高"，于2021年5月编辑整理）

后记

企业上市会有高昂的上市费用，这是企业管理者必须清楚的。对于祈福生活这样规模不大的企业，上市费用是个不小的负担。

> 财务规划不仅是影响企业上市成功的关键因素,也影响企业上市后的市场表现。

物业管理企业上市前后的财务规划

企业申请上市或挂牌,需要满足公司经营、公司治理、股权等方面要求和条件。例如企业必须依法设立且存续满两年、业务明确且具有持续经营能力等。为达到这些条件,企业在上市前需要对上述各方面进行梳理和完善。重点有两个方面:一是财务规划,二是业务规划。其中,财务规划不仅是影响企业上市成功的关键因素,也影响企业上市后的市场表现。

很多企业申请IPO却没有通过的原因都是财务问题。

例如2016年筑博设计股份有限公司(以下简称筑博设计)申请IPO遭否决,就是因为企业营业收入减少,但利润却上升,被认定为明显存在财务会计问题。

2015年,筑博设计营业收入较上年下降2.68%,但净利润较2014年上升37.88%。对此,筑博设计解释主要原因是人员配置优化。但是,根据公司报告,筑博设计员工人数2014年比2013年增加417人,但2015年又减少470人。

也有很多IPO被拒是因为企业持续盈利能力。

吉林科龙建筑节能科技股份有限公司,客户和主营业务过于集中。招股书显示,2011年至2013年发行人前五大客户的合计销售额分别为18578.51万元、20181.82万元和10090.35万元,分别占当年营业收入的83.86%、75.46%和74.19%。

若公司主要客户的需求模式、需求量发生变化或者关键客户流失，将在一定程度上影响本公司的经营业绩。

同时，2011年至2013年，公司在吉林省实现的建筑节能业务收入分别为21375.83万元、26746.13万元和12523.01万元，占每年营业收入比重平均为90%以上，经营区域相对集中，未来或对公司业绩产生一定影响。

在这个案例中，因为客户过于集中、业务地域过于集中，被认为企业的持续盈利能力是有问题的。

类似的IPO失败案例还有很多。除上述两类外，还有很多是因为关联交易。例如企业与第一大股东关联交易过多而导致上市要求被驳回。尽管没有证据说明这些公司的业务数据是虚假的，但由于企业缺乏持续盈利的能力，或者是存在关联交易太多，都会被认为是公司的独立性、持续经营的能力不强。

业务区域过于集中、对单一客户或少数客户过于依赖、关联交易多这些也是很多大型物业管理企业的软肋所在。貌似强大的规模，在严谨和规范的审核前，显得虚弱不堪。

因此上市前需要对这些软肋进行重新规划，除了业务规划重整外，还要进行财务规划，业务规划最终也要落实到财务规划。

企业在上市前需要做的财务规划，主要包括7个方面。

一、会计政策选择的规划

财务的会计准则是适用性、重要性、谨慎性、一致性、合法性。因此，企业日常就需要严格按照会计准则对照业务管理。除了会计准则，企业在上市成功后，进行市值管理时还要考虑盈余管理的需要。

二、企业持续盈利的规划

对于上市公司来说，需要关注最近3个会计年度的净利润额累计要超过3000万元，其行业地位、市场占有率、经营模式、盈利模式及利润的主要来源。因此，企业不仅需要在上市之前进行财务规划，对上市后未来三年的盈利和财务规划也要有全盘的考量。

例如未来三年要达到什么样的财务指标、要符合资本市场哪方面的要求（规划每股收益、资产收益率，还是规划净利润增长率等），企业需要对业务的发展方向和速度有深入的了解和掌控，才能够在一定的范围内对企业上市前后的表现进行有利的规划。

三、资本结构的规划

资本结构的规划和财务规划是紧密相关的，也就是资本市场常说的权益资本和借贷资本，怎样才能达到最佳的组合。

四、税务规划

公司无论是合并、分立，还是新设、重组都需要事前策划，要有效、合法，既要考虑财务规划的需要，也要考虑到公司业务发展的需要。

五、独立性规划

比如，前面说到的一些企业存在事实上的关联交易、有独立性弱的特点时，企业就需要在业务规划上进行分离、包装的设计，这时财务就必须提供支持，能够和业务规划协同，达到最终从资本市场融资的目的。

六、现金流量规划

现金流量表主要包括经营的现金流、投资的现金流和筹资的现金流。很多时候会发现经营的现金流是负数，投资的现金流可能是正数，最主要的是筹资的现金流是正数，当出现这种局面时，就意味着企业的经营情况并不理想，但整体的现金流还是正数，说明企业还能继续保持正常经营，是靠投资或筹资带来的现金流。那么，筹资和投资的现金流也需要提前进行财务规划，而不能等到公司已经出现经营状况吃紧的时候，才进行投资和筹资。这样的财务就不是规划,而是不断应急和救火。企业的经营状况和业务状况的扭转是需要一个过程的,因此,提前通过投资和筹资等财务手段弥补和满足经营需求是必需的工作。

上市公司的财务报表公布之后,专业分析师不仅会看损益表,还会看现金流量表。相对来说,利润造假比较容易,而现金流造假比较困难。因此,通过对现金流的分析,对比损益表和资金负债表,可以避免被造假数据误导。比如通过虚拟应收账款扩大销售收入,尽管销售收入数据看上去很高,但是没有真正的现金流,经营现金流就会出现与业务增长不符合的情况,就会被质疑企业的经营能力与经营状况。

因此,企业在做财务规划时,不仅是关注收入与成本要做多少,更要对损益表、资产负债表和关键性的经营指标统一进行规划。要把握对资本市场关注的关键指标,能够保持与企业统一的规划与安排的方向一致,这才是财务规划。

七、长期激励规划

很多上市公司都在做股权激励。特别是对高管层和管理层的股权激励。

长期的股权激励规划需要系统的设计,例如期权是什么样的指标,什么样的时间可以达到目标,相应的资金成本是多少,员工的收益率是多少,都应该提前规划与设计。因此,长期的激励规划也是财务规划的内容。

彩生活上市之初之所以受到资本市场的青睐,不是因为O2O,也不是社区经营,这些只是它外在的包装。真正打动资本市场的是高毛利率。彩生活上市当年的毛利率是79.6%。因为彩生活采用的是酬金制,利用酬金制的收入和其成本不匹配的特点,彩生活给资本市场成功讲述了一个高毛利率的故事。不过遗憾的是,很显然彩生活没做好上市之后的业务规划和财务规划,导致其上市后毛利率出现了持续下降。如表6-5、图6-1所示。

表6-5　彩生活2011—2016年毛利率分析

	2011年	2012年	2013年	2014年	2015年	2016年
毛利（万元）	6 918	9 417	14 365	30 988	45 446	58 579
营业收入（万元）	14 650	19 651	23 307	38 929	82 764	134 207
毛利率	47.22%	47.92%	61.63%	79.60%	54.91%	43.65%

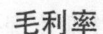

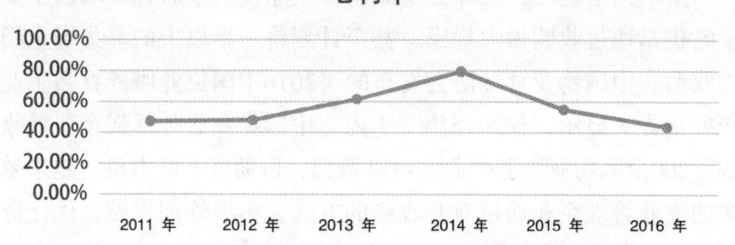

图6-1　彩生活2011—2016年毛利率变化趋势

当然，资本市场也迅速调整了其对彩生活的估值，这从彩生活上市后近几年的股价表现可以看得非常明显。故事不能只有一个美好的开头，这只是财务规划的开始，更重要的是财务规划要给到故事持续演绎的素材。

（本文发表于《住宅与房地产》2017年09期，文章名为"上市前后的财务规划"，于2021年5月编辑整理）

后记

缺乏中长期财务规划是很多物业上市公司的通病。

完善的股权设计,不仅有利于管理层保持控制权,在未来企业需要规模化或多元化发展时,也能够降低管理层的风险。

物业管理企业的股权结构设计

据不完全统计,大部分物业管理企业在上市后,采取的主要策略仍是通过收购做大规模,甚至计划将一半以上的募集资金用于收购。中国物业管理协会发布的《2016中国物业服务百强企业研究报告》显示,仅2015年一年内,中国物业服务百强企业就收购了200余家物业服务企业。可以看到,借助资本的力量,越来越多的物业管理企业通过兼并收购的方式,拓展管理规模,优化资源配置,提升市场竞争力。

无论上市还是并购,都涉及股权架构。合并是指两家或两家以上的企业合并组成一家新的企业,而收购则是通过一家企业以购买的方式取得另一家企业的股权或资产,从而获得该企业全部资产或某些资产的所有权或控制权。而无论是哪一种方式,都会涉及股权结构的问题。事实上,除了收购、合并之外,对于初创型企业、事业合伙人制度下成立的企业,或是合资成立企业,也同样需要考虑股权架构的设计问题。

很多物业公司在合资的过程中,非常看重对企业的控制权。在公司成立之初,常常是以51%:49%的方式合资成立物业公司。持股比例51%,就能够达到对合资公司绝对控股的目的吗?

一、持股比例大于51%,未必有绝对控制权

持股大于51%无疑是最大股东,但并不一定就具有对公司的绝

对控制权。

股东会作出一般决议，例如股东会决定投资计划、更换董事，需由出席股东会的股东所持表决权的1/2，也就是50%以上通过。股东会作出重要决议的，例如修改公司章程、变更公司形式等，则需要由出席股东会的股东所持表决权的2/3，大约67%以上才能通过。

根据《公司法》第一百零三条：股东大会作出决议，必须经出席会议的股东所持表决权过半数通过。但是，股东大会作出修改公司章程、增加或者减少注册资本的决议，以及公司合并、分立、解散或者变更公司形式的决议，必须经出席会议的股东所持表决权的2/3以上通过。

因此，持股比例51%以上，但不到67%，在重要事件上也不能取得绝对的控制权，只能取得相对控制权。

二、持股比例67%，对公司才具有绝对的控制权

同样，根据《公司法》的规定，持股比例67%以上就意味着拥有了2/3的表决权，从而保证了对企业的绝对控制地位。

但需要注意的是，《公司法》第四十二条规定：股东会会议由股东按出资比例行使表决议；但是公司章程另有规定的除外。

那么，与持股比例51%相对应，如果合资成立公司时，物业公司持股比例在50%以下，是不是就完全没有控制权呢？

假设A、B、C、D四人合资成立一家物业公司，分别占公司股份为30%、25%、25%、20%。由于股份分散，没有一个股东能够占据绝对的多数。A作为发起人，成为最大股东，但也只是相对多数，只比B、C多5%而已。

那么，A作为发起人，由于种种因素限制，既不能占股67%，也不能占股51%，那么占股多少比较合适呢？

三、持股比例大于34%，小于50%，具一票否决权

股东持有公司股权在50%以下、34%以上时，虽然不能完全决定公司事务，但对重要决议，如修改公司章程、增加或减少注册资本、公司合并或分立、解散或变更公司形式等重要事项时有一票否决的权利，使股东会无法形成三分之二的表决权。也就是说，持股比例在50%以下、34%以上的股东尽管没有绝对控制权，但却可以对重大决策投反对票，从而影响重大决策的执行。

因此，A更好的选择是占股比例35%！

很多物业公司在收购项目的时候，会采取百分百控股的策略。例如彩生活斥资3.3亿元并购开元国际物业管理有限公司100%的股权，或一卡通以2273.58万元收购亿城物业100%的股权。那么百分百控股是否就是最佳选择呢？

四、100%控股，有利有弊

百分百控股的模式，其实相当于收购方将被收购方作为自己的全资子公司。好处是不会产生股东纠纷，有利于迅速决策，且独享收益。但作为全资子公司，也有弊端。其一，由于收购方的绝对控股，使外来投资者无法进入，从而限制了企业的规模，尤其是物业公司收购互联网或科技类的新型业务；其二，收购方拥有了绝对控股权，但也付出了更多的收购代价；其三，收益独享的同时，风险也要由收购方独自承担。

企业的控制权是由股权决定的，但是这并不是绝对的。

五、限制性条款

物业管理企业在合资谈判中，不仅要关注持股比例，还要关注公司章程中关于一般决议和特别决议事项的相关约定，即"限制性条款"。在公司章程中设定限制性条款并不能对管理层的控制

权起到"强化"效果,但可以起到防御性作用。一方面,限制性条款可以赋予管理层"一票否决权",例如对公司的一些重大事项,如合并或分立、重要人事任免等。管理层即使所持股权不够多,也可以要求没有其同意表决不通过。另一方面,在公司章程中,还可以直接规定董事会中过半数的董事要由核心管理层委派等。只要是符合法律法规的限制性条款,都能够对管理层的控制权起到一定的保护作用。

无论是企业采取事业合伙人制还是企业采用股权激励的情况下,都需要对股权结构进行充分的设计。完善的股权设计,不仅有利于管理层对企业成长和发展过程中始终保持控制权,在未来企业需要规模化或多元化发展时,也能够规范企业的管理架构和运营,从而降低管理层的风险。

(本文发表于《住宅与房地产》2017年07期,文章名为"股权结构怎么设计",于2021年5月编辑整理)

后记

股权结构的设计是保证企业控制权的主要方式,但并不是唯一方式。

> 规模扩张,已成为冲刺上市和已经上市的物业管理企业重要的发展方向。但规模不能掩盖企业深层次的经营管理问题。

物业管理企业上市,规模只是起点

2020年8月6日,融创中国旗下融创服务向港交所正式提交招股说明书,启动分拆物业上市的计划。2015年,融创中国董事会主席孙宏斌还表示:"看好房地产行业,还看不到转型的需要,分拆物业上市很荒唐。"仅5年,融创也加入了分拆上市的大军。上市,已经成为当下行业竞逐的目标。通过并购迅速做大规模也成为实现上市目标的最快途径。

背靠融创集团的融创服务为了摆脱营业收入对母公司的依赖,收并购及开展多元化业态也是其扩大规模的重要举措,最突出的是2020年5月完成了对开元物业的收购。开元物业90%的合约建筑面积来源于第三方,在扩大规模的同时,也扩充了融创服务的外拓业务。融创服务对上市募集资金的规划也是用于投资与并购。目前已上市物业管理企业公布的募集资金,60%是用于并购和规模扩张。规模扩张,已成为冲刺上市和已经上市的物业管理企业重要的发展方向。

对于物业管理企业而言,规模优势也意味着竞争优势:市场份额集中、行业地位提升、市场影响力扩大……实际上,不仅是物业管理企业,规模经济也是很多其他企业通常选择的发展路径。世界500强之一的联想成立之初是做电信设备的,在早期移动电话还远未普及的时代,这是一个从技术上讲十分不好"啃"的行业。

但华为选择了坚持技术研发的路线,靠死嗑技术研发,华为成就了今天的华为。

很多企业在做战略、定目标的时候，都会说要做大、做强。但是这里面有一个误区，做大，并不意味着就是做强。很多时候，企业规模上去了，但企业的盈利并没有上去。甚至，规模做得越大，企业的盈利能力越弱。

所谓的规模效应，是指企业在数量扩张的基础上，可以有效地降低固定成本甚至变动成本，从而提升企业的生产经营效率，确立相对于同行的竞争优势。因此理论上来说"大"本身并不是优势，通过"大"产生效率优势才是真正的规模优势。相比科技行业，物业管理行业有着管理权的竞争壁垒，但是随着市场竞争的进一步加剧，这层竞争壁垒已经并非牢不可破。无论是传统意义上的招投标，还是收并购带来的冲击，物业管理行业都面临着市场格局的变化。在资本市场的刺激下，上市成为很多物业管理企业的目标，做规模也成为物业管理企业冲刺上市的手段。但规模的扩张并没有带来效率的提升，短期的账面收入、利润数量增长，并不能掩盖经营管理上的深层次问题。从这个意义上来说，物业管理企业当前也普遍存在基础经营管理能力薄弱，缺乏技术与核心竞争力，发展同质化严重等问题。笔者在为物业管理企业做咨询、培训的过程中，看到很多企业虽有不错的规模，但企业的管理水平、经营水平、运营能力都十分薄弱。虽然这些企业中不乏头顶着地产给予的品牌形象，百强排名不俗，准备冲刺上市或者已经成功上市的企业，但是在规模的外壳之下，企业的管理甚至还停留在非常基础的层级。

从物业管理行业的特点来说，基础业务相对简单，在企业规模较小的时候，对企业的管理水平和运营能力要求还不高。很多物业公司早期的企业管理基本上就是项目管理，而且仅是项目管理中的品质管理。随着市场的变化、项目的增多，对企业的管理要求也自然越来越高。物业管理企业管理不再仅仅是项目管理，而是要上升到更高的层面，从企业战略、经营发展及内部管控等多方位的提升。而这些恰恰是物业管理企业比较薄弱的环节。从粗放式的管理到现代化企业管理，并非简单的路径，甚至需要企业管理者突破自身的眼界和格局。如同华为当年克服万难，坚持走"技术研发"的路径一样。对于管理服务类的行业，管理水平、运营能力、创新能力就可以构成企业的核心技术，形成企业的核心竞争力。缺乏这个基础，规模越大，可能企业的风险也越大。

资本看好物业管理行业的未来，在行业尚未成熟的当下，推动行业的洗牌，促进行业的发展，这是毋庸置疑的。物业管理企业为了满足资本市场对成长性的要求，竞相上市，并将上市后的融资款项再次投入兼并、收购，抢占市场份额，力争为未来在行业的发展取得一席之地，或者提升当下的企业价值。作为发展策略，这个方向和路径也是没有问题的。但是资本市场不只是鲜花和掌声，上市对企业的管理和经营要求会更高。在目前众多的行业上市公司中，有一些早上市的已经排在了队尾。在企业估值、盈利能力等方面显示了竞争劣势，未来被淘汰的可能性极大。在规模化的过程中，有些企业的扩张也并不都是成功的。笔者服务的某物业管理企业，在上级集团的要求下，明确了冲刺上市，企业通过收并购、合资合作等方式力求迅速扩张，然而由于前期投拓的条件限制，项目业绩不佳，公司内部管理不到位、投后管理几乎缺失，导致公司在规模扩大的同时，利润呈现大幅下滑，甚至呈现愈演愈烈的下滑趋势。这是典型的为了做规模而做规模。这样的业绩，且不说能否实现上市，即使是勉强上市了，如何维持业绩？企业始终需要明确的是，上市只是手段，是企业实现战略目标、获得持续发展的手段。规模也不是目标，只是实现目标的过程。联想早期规模扩张实现发展没有错，关键在于科技性企业必须有自己的核心技术，核心技术的缺失决定联想没有未来，即便它的规模已大到让其成为世界500强。

如果说规模曾经成为很多企业发展的必经过程，那么现代市场发展到今天，更追求差异化、个性化和创新性，规模不再是必经的过程。支撑企业长远发展的一定是核心技术，对于行业而言，就是管理能力、经营能力和创新能力。无论上市与否，规模只是起点。

（本文发表于《中国物业管理杂志》2020年08期，文章名为"上市，规模只是起点"，于2021年5月编辑整理）

附表：42家物业上市公司最新市值（截至2021年3月29日9点）

企业名称	股票代码	上市时间	最新市值
彩生活服务集团	01778.HK	2014年6月30日	50.34亿港元
中海物业管理有限公司	02669.HK	2015年10月23日	232.71亿港元
中奥到家集团	01538.HK	2015年11月25日	7.86亿港元
绿城物业服务集团有限公司	03900.HK	2016年7月12日	296.50亿港元
祈福生活服务控股有限公司	03686.HK	2016年11月8日	5.89亿港元
浦江中国控股有限公司	01417.HK	2017年12月11日	7.17亿港元
南都物业服务集团股份有限公司	603506.SH	2018年2月1日	32.15亿港元
雅生活智慧城市服务股份有限公司	03319.HK	2018年2月9日	460.67亿港元
碧桂园服务控股有限公司	06098.HK	2018年6月19日	2344.75亿港元
新城悦服务集团有限公司	01755.HK	2018年11月6日	201.20亿港元
佳兆业美好集团	02168.HK	2018年12月6日	40.74亿港元
永升生活服务集团有限公司	01995.HK	2018年12月17日	327.06亿港元
滨江服务集团有限公司	03316.HK	2019年3月15日	50.31亿港元
奥园健康生活集团	03662.HK	2019年3月18日	40.82亿港元
和泓服务集团有限公司	06093.HK	2019年7月12日	15.96亿港元

续表

企业名称	股票代码	上市时间	最新市值
鑫苑科技服务集团有限公司	01895.HK	2019年10月11日	11.92亿港元
银城生活服务有限公司	01922.HK	2019年11月6日	13.57亿港元
新大正物业集团股份有限公司	002968.SH	2019年12月3日	83.76亿港元
保利物业服务股份有限公司	06049.HK	2019年12月19日	280.54亿港元
时代邻里控股有限公司	09928.HK	2019年12月19日	59.04亿港元
宝龙商业管理控股有限公司	09909.HK	2019年12月30日	165.19亿港元
兴业物联服务集团有限公司	09916.HK	2020年3月9日	4.64亿港元
烨星集团控股有限公司	01941.HK	2020年3月13日	2.76亿港元
建业新生活有限公司	09983.HK	2020年5月15日	93.66亿港元
金融街物业股份有限公司	01502.HK	2020年7月6日	18.68亿港元
弘阳服务集团有限公司	01971.HK	2020年7月7日	19.09亿港元
正荣服务集团有限公司	06958.HK	2020年7月10日	52.19亿港元
卓越商企服务集团有限公司	06989.HK	2020年10月19日	118.34亿港元
第一服务控股有限公司	02107.HK	2020年10月22日	13.20亿港元
世茂服务控股有限公司	00873.HK	2020年10月30日	398.57亿港元
合景悠活集团控股有限公司	03913.HK	2020年10月30日	167.48亿港元
金科智慧服务集团股份有限公司	09666.HK	2020年11月17日	470.70亿港元
融创服务控股有限公司	01516.HK	2020年11月19日	760.36亿港元
恒大物业集团有限公司	06666.HK	2020年12月2日	1630.27亿港元
华润万象生活有限公司	01209.HK	2020年12月9日	1081.90亿港元

续表

企业名称	股票代码	上市时间	最新市值
远洋服务控股有限公司	06677.HK	2020年12月17日	53.87亿港元
建发物业服务集团有限公司	02156.HK	2020年12月31日	36.48亿港元
荣万家生活服务股份有限公司	02146.HK	2021年1月15日	31.58亿港元
宋都服务集团有限公司	09608.HK	2021年1月18日	3.74亿港元
星盛商业管理股份有限公司	06668.HK	2021年1月26日	38.58亿港元
华发物业服务集团有限公司	00982.HK	2021年3月18日	22.54亿港元
招商局积余产业运营服务股份有限公司	001914.SZ	1994年9月28日	217.82亿港元

第七章

物业管理企业的经营管理

- 关于企业管理的理论有很多,唯一相同的是企业管理的最终目标都是财务目标。
- 要做好企业管理,企业主或掌舵者至关重要,他们是最需要学习管理的人。
- 不同的企业有不同的基因与特性,盲目对标与模仿非但不能使企业进步,反而可能使企业走弯路。
- 物业管理企业的很多问题,归根结底大多还是管理水平与管理能力的问题。

> 很多物业管理企业都在做股权激励,然而如何设计股权、规范公司治理,却是一个专业课题。缺乏设计的股权结构,可能给企业埋下隐患。

物业管理企业的公司治理与股权激励

在企业成立之初,管理者的绝对控股有助于公司的集约管控、快速决策,促进企业快速起步和成长,但随着公司的发展、规模扩张,这种一股独大的股权结构,弊端也暴露了出来。第一,股东之间不能形成良性的分权制衡,对管理层缺乏约束机制,容易形成公司被大股东控制的局面。第二,从公司发展来看,相对于公司利益,往往优先大股东的个人利益,长期来看不利于公司长期的发展。第三,从经营视角来看,大股东受限于个人视野的局限性,其个人决策往往会影响公司发展的决策。第四,企业未来发展壮大,需要引入新的战略合作伙伴或投资人时,股权结构也要面临调整。因此,企业初创时期的股权结构需要提前规划和设计,而已经形成一股独大的股权结构,随着企业的发展也需要重新设计和调整。

企业做大做强,是靠人才的智慧和力量,这也是很多企业实施股权激励的动因,让员工分享企业成长的利益,增强员工对企业的归属感与认同感,激发员工的积极性和创造性。在这方面,做到极致的是华为。作为华为的创始人,任正非只持有公司1.01%的股权,而华为的员工持股98.99%。虽然任正非的持股比例低,但经过设计的股权结构下,对华为的实际控制权和表决权仍然是牢牢掌握在任正非的手中,员工获得的是实际的分红权。华为的股权结构，既保证了创始人对企业的控制权，同时将公司利益分享给员工。这样的股权结构设计，充分体现了创始人的格局与心胸。随着经济全球化的发展，任何一个企业的发展都离不开各利益相关者，包括供应商、分销商、股东、员工，甚至是竞争对手，企业也不再是只追求自身的利润最大化或价值最大化，而是还要考虑和平衡企业的诸多利益相关者之间的利益关系。这些都要求企业的创始人，在股权设计时，能够拥有更高的格局和视角。互联网企业中，大多数创始人在企业成熟后都不会占据绝对优势的股权比例。

在房地产行业的影响下，合伙人制成为这两年比较流行的管理方式，其本质也是股权激励。股权激励，是企业为了激励和留住核心人才推行的激励机制，通过给予员工股东权益，使员工与企业形成利益共同体，激励员工的创造性，与企业共同成长，实现企业稳定发展的长期目标。合伙人制，是留住有业务能力、会带团队、能够达成业绩目标的骨干人才，将这些骨干合在一起，成为风险共担与收益共享的合作团队。合伙人制，在企业权责利的制约下，将合伙人与企业收益、风险捆绑得更紧密。这也是行业企业热衷于推行"合伙人制"的原因。但目前大部分物业管理企业都是选择拿出部分股权来做"合伙人制"，即企业的大部分股权、控制权仍然在创始人或大股东的手中，本质上仍属于股权激励的一种。但无论哪种方式，目的都是激励员工，做到企业与员工的利益共享，也是企业分利的一种表现形式。

行业目前在做的股权激励，还处于比较初级的阶段，大部分停留在核心管理层、少数管理骨干，极少数能够做到面向员工层级的股权激励。这一方面受限于管理层的思维意识，另一方面很多物业管理企业的创始人或掌舵者，缺乏对股权设计的充分了解和认识。很多物业公司的管理者，创办公司的初衷只是满足业务的需求，还没有考虑到企业未来发展的需求，也没有考虑到公司的股权结构与公司治理的关系。在企业发展壮大之后，想要开展股权激励，却不知从何下手，有些会选择简单地划出一部分股权，做合伙制或股权激励，也有些选择以项目为单位实施股权激励。事实上，不同成长背景的企业、在不同的发展阶段，需要采取不同的激励措施，包括要充分考虑到员工更迭、相关的退出机制等。否则，股权激励不但不能够有效发挥激励的作用，还可能导致公司的利益受损。股权是需要设计的，也是需要筹划的。

（本文发表于《住宅与房地产》2020年09期，文章名为"当当网如何敢作敢当"，于2021年5月编辑整理）

> 专注本业、追求极致。这才是工匠精神的思想内核。

夯实主业是物业管理企业发展的根基

从社区O2O"互联网+",到兼并收购、上市,再到匠人精神,行业从来不缺热点话题。互联网时代加快了信息的传播,也使信息变得快餐化,在追逐一个又一个流行趋势的过程中,管理者往往还来不及思考与沉淀,便又跌入了下一个流行趋势。

一、浮躁逐流,失面子无里子

追逐热点是媒体的惯性,也成为部分物业管理企业的行为惯性。当市场热捧O2O时,不少物业公司一窝蜂地都去搞社区O2O。然而从公开数据信息来看,至今也没有一家物业公司真正将O2O做成业务支柱。当"互联网+"概念热炒时,行业又开始纷纷宣布"触网",有投入开发App的,有做电子商务的,一时间热闹非凡……当并购上市成风的时候,我们又看到数十家物业管理企业争先恐后地并购上市。截止到2016年,新三板上市的物业公司已经有近60家,然而除了少数几家能够零星有些交易外,大部分物业管理公司至今都是零交易。热闹非凡的社区O2O、互联网业务在上市公司的报表里甚少体现,毫不夸张地说,数字之微小,得用放大镜才能找得到。一个号称用数亿资金打造社区O2O的企业,其2015年全年线上到线下业务收入仅198万元,令人瞠目结舌。

跟风热点,夸大宣传,或许能为企业赚足一时的面子,但没有里子支撑的面子也难以长久。另一家同样是以宣传社区O2O而知名的企业,就因基础业务不能满足客户需求而在南京等地溃败撤场，不仅影响了自身品牌，而且连带母公司品牌也受到了伤害。

二、专注本业，追求极致

日本有位叫木村秋则的老人，年轻时想给世界一个真正的苹果，不用农药，不用肥料，让苹果长成在自然中本来的样子。第一年，颗粒无收。第二年，苹果树死了一片。第三年，遭遇虫灾。第四年，他卖光家产外出打短工……第十年，几百棵苹果树开了七朵花，结了两个果子。现在是第三十年，东京最好的法国餐厅，预约木村的苹果不得不排到半年以后。木村的苹果有什么神奇？切成两半，随便放在一只餐盒里，两年不会腐烂，只会慢慢枯萎，缩成淡红色的果干，散发出甜蜜的香味。有人说，这就是匠人精神呀！我们懂的！就是要极致、专注、创新、坚持……但是作为农民的木村却说不出这番道理来，他只不过是抱着朴素的愿望像个傻瓜一样种苹果罢了！

我们眼中的所谓"工匠精神"，在真正的工匠眼中，其实就是用心做好自己的产品罢了。无论是厨师、手艺人、还是像木村一样的农民，都是专注于做好本业的匠人。而他们之所以能够年复一年、精耕细作，付出长久的耐心、坚持与努力，只是为了像木村一样"种出最好的苹果"。他们既没有要成就百年基业的伟大理想，也没有对利益的过度渴望。这样的工匠看起来是清心寡欲的。因为他们只是单纯地专注本业、追求极致。这才是工匠精神的思想内核。

这样的精神在现代企业中是少之又少的。匠人精神还有个典型的表现形式就是只埋首做事而不会夸夸其谈，大谈特谈匠人精神的都不是真正的匠人。

三、工匠需要钻研与投入

物业管理由于行业准入门槛低，市场份额也比较分散，很多企业都是从接了一个项目开始就成立为一个公司，之后的发展轨迹经常是通过各种关系和渠道不断地接项目，继续扩大规模，当企业累积一定的资金后，便开始转投入其他领域，追求利润的高增长。而对于制约企业长期发展的人才问题、技术问题、管理问题则始终没有得到关注和解决。所以，今天很多物业管理公司一边在争相上市，一边仍在呼吁企业利润微薄、成本高企、人才匮乏等一系列的问题，呼吁行业协会、政府部门应给予支持。

反观其他行业，从制造业到建筑业，从IT业到零售业，大多数企业都有自己的研发部门，分析产品结构与业务组合，研究新的技术应用、先进的管理工具、开发或引进高效的管理软件等，以解决制约企业发展的技术障碍、提高管理效率。而物业管理行业在这方面的投入几乎为零。事实上企业中需要有专业的研发部门能够对这类技术应用所需投入与产生效益进行专业的评估，以更合理的方式采用新技术，从而不断帮助企业解决问题，提高管理效率，促进物业管理核心业务水平的提升。

四、成为工匠，从模仿到学习

物业管理行业发展的基础薄弱，人才与管理水平都是制约行业发展的"瓶颈"。大多数从业人员都是通过工作实践学习工作技能和管理方法，尤其是基层岗位的人员，不少企业管理者自身也是从基层岗位一步步提拔而来。这样的人才结构促使行业的人才选聘渠道相对封闭，即使是管理型干部，如人力资源、财务管理等管理型人才，也大多是行业内企业之间的人才流动，很难吸引更多的优秀管理人才。企业之间相互学习的方式也大多是采用同行对标、参观考察、座谈或论坛交流。这样的学习方式，往往无法使企业跳出惯性思维，久而久之便形成了相互跟风、模仿的学习方式，企业自身的创新能力不足。面对新技术、新模式，企业即使想要学习和了解，往往也只能从形式入手，简单模仿，而不能了解其内部原理或逻辑。

企业培训也是如此。绝大多数的从业者，往往只是在遇到障碍或问题的时候，才会想到查资料或接受培训，参加培训也往往只是针对自己当前需要的内容，不重视系统的、全面的学习技能。企业组织的培训往往又不够全面满足需要。从而导致了整个行业的学习力不足，不能够对新技术、新事物持有客观的认识，又进一步导致跟风与盲从。企业要学习的工匠精神，正是工匠们对产品制造不断精益求精的钻研精神，企业需要为制造好的产品或服务而不断认真地学习和研究。

　　和传统匠人不同，企业同时还负有更多的责任与使命，尤其是物业管理企业，业务的精细化与复杂化，都要求我们不能只是简单地去追求极致，诸如种好一个苹果、做好一枚寿司，而是要专注于管理水平、服务技术与技能的全方位提升。物业管理企业需要着眼未来，做好当下。专注本业，必有回报。

　　（本文发表于《现代物业》2016年09期，文章名为"莫谈精神，埋首主业"，于2021年5月编辑整理）

> 社保问题，于企业仍是管理问题。物业管理企业迫切需要提高的是管理意识和管理水平。

社保政策考验的是物业管理企业的管理水平

原定于2019年1月1日起正式实施的社保入税新政，各地区都相继宣布暂缓。李克强总理也在第十三届全国人民代表大会第二次会议上强调了要稳定现行征缴方式，明确了要减轻企业社保缴费负担。这些利好消息相继出台，很多企业松了一口气。

社保入税暂缓，给了企业一个调整和过渡的适应期，此时企业非但不能松懈，反而要认真做好应对和筹划的准备。笔者在课堂上多次强调社保问题并非新问题，社保入税也并非社保新政，而仅仅是规范了社保的缴交机制，杜绝了社保缴交问题上的漏洞。对企业的直接影响就是人力成本的急速上升，特别是用工需求大、社保缴交不规范的企业会出现成本大幅度骤然升高，甚至不堪成本重负而退出市场的状况。

一、社保热点所反映的仍是人力成本的问题

即使没有社保新政，人力成本也已然是企业管理的重点问题。数据可以充分说明这一点。

2019年年初，互联网行业各大企业相继宣布裁员。滴滴率先被曝出将裁员25%，超过3000名员工即将失业。京东宣布采用末尾淘汰制淘汰10%以上的副总裁级别高管。房地产行业中的碧桂园也被曝出将要大规模裁员。尽管各行业裁员的原因不一而足，但减人是最快速、最高效的减负手段。

裁员过后，企业要经营、更要发展，仍然需要人。因此，我们看到裁员风波之后，富士康回应称2019年首季仍有5万人力需求。京东宣布2019年新增岗位预计会达到1.5万人，仅京东物流就占到了1万人之多。

先裁员，再扩招，企业又是打的什么牌呢？

以京东为例，京东裁撤人员的方式是采用末尾淘汰制，裁撤对象是副总裁级别以上的高管，而京东2019年计划新增岗位则以一线员工与基层管理者为主，其招聘方向是聚焦在提升用户体验等领域。从"减人"到"加人"，所反映的是京东对战略方向的调整与转型，也是京东结合企业战略对人力管控的提前布局与筹划。

刘强东曾表示，京东每年要为16万员工缴纳60亿元人民币的保险和公积金，除此之外，缴纳的税款还要更多。京东一直坚持全员全额缴纳五险一金。如果通过劳务外包或少缴，一年至少可以多赚50亿元人民币。在2018年西班牙世界零售大会上，刘强东提出未来的京东将是一家自动化运营的公司。10年内，京东员工将从16万人减少到8万人，减员50%，京东将充分利用AI技术减少人们的工作时长，未来一天只要工作两、三个小时。

作为一家企业的CEO，刘强东对人力成本的数据了然于胸，对企业战略与人力成本的规划均做到了提早布局。

相对来说，物业管理行业，对人力成本负担说得多，做得少，对人力成本的认识尚不充分，更鲜有做到提前规划与布局者。

二、降低人力成本并非简单做减法

在社保新政出台之前，人力成本就已占据物业管理成本的最大板块。即使在智能化迅速普及的今天，仍有很多物业管理企业固守传统的经营方式，单纯靠人力完成保安、保洁等基础服务。在岗位设置与人员编排上，也几乎是一成不变。面对成本压力，企业或者采用"偷人头"等简单粗暴的方式减员，或是通过少交不交社保等方式来减少人员开支。固守的模式下，品质难有提升，经营难有突破，企业难有发展。社保入税，堵住了企业不规范操作的漏洞，迫使企业必须直面经营压力，甚至是生存危机。如果不能跟进时代变革，那么未来给这类企业的出路就只有出局。

也有越来越多的物业管理企业意识到了创新技术的价值。例如人力替代是减少人力成本的有效方式，通过应用扫地车、自动识别系统、启用无人化管理等创新手段，用技术替代人力，减少人力成本，提高工作效率。但相对其他行业，物业管理企业仍然是以被动的方式在跟进变革。被动前进就意味着，一旦面对危机或变化，企业就会措手不及。社保新政，就如同变革的催化剂，加剧了企业面对成本的焦虑。

三、行业需要提高管理意识与管理水平

企业的掌舵人要把握企业的发展方向与目标，就必须主动了解市场形势，发现机会，提前规划与部署，而不能故步自封，被动等待。物业管理企业的掌舵人更是需要提高这方面的意识与水平。笔者在做咨询业务的过程中，发现一个比较普遍的现象，很多物业管理企业主或总经理对物业的具体业务工作都能侃侃而谈，而对企业管理却知之甚少。不少企业主对企业的经营数据一无所知，不知道企业真实的盈利能力，不了解企业的成本构成与比例。甚至把账上预收的现金当收入，认为账上有钱就是盈利。甚至有些老总，当面对各项目的成本分析时，才意识到项目已是连年亏损。

这样的管理状态下，如何能做到对企业成本的有效管控，对经营水平的提升。更谈不上结合企业的发展战略对未来进行规划和布局。不了解企业的真实状态，面对市场的波动，就形成了人云亦云或盲目跟风。市场风行O2O，企业就跟风去做O2O；市场热衷上市，企业就跟风去上市；市场流行做App，企业就都去投资开发App。其结果也显而易见，到现在为止O2O真正做得好的凤毛麟角，上市表现好的屈指可数。跟风不但没有给企业带来成长，还

加剧了很多企业的经营负担。跟风久了，企业更缺少了独立思考的能力。

所以面对社保新政，企业关心最多的仍是操作细节。笔者在做咨询和培训的过程中被问到最多的问题，大多是如何处理人员薪酬、如何调整用工方式等操作细节。解一时之困，却不能解长远之危。社保问题，于企业仍是管理问题。物业管理企业迫切需要提高的是管理意识和管理水平。作为管理者，要从管理和经营层面，对行业和自身的企业有客观和准确的认识，才能够从根源上找出解决之法与经营之道。认真学习管理，才是行业管理者当下的"急所"。

（本文发表于《住宅与房地产》2019年10期，文章名为"社保调整是政策，根本解决靠更管理"，于2021年5月编辑整理）

> 无论是对标还是考察，企业需要观察和学习的是其成功的内在逻辑，而非表象。

物业管理企业对标考察应该学什么？

物业管理企业普遍存在着爱学习的群体特征，诸如聘请顾问、企业对标、参观考察、培训学习、赴外交流都已成为行业常见的学习方式。笔者曾经给一家广东企业K公司做内训，该公司的老板是一名非常注重创新与学习的管理者，几乎每年都会组织公司的管理团队前往一些品牌企业进行参观考察、学习交流，并要求每一位参观的人员将所见、所闻都以录音、拍照等形式记录下来，回到公司后制作成PPT，与公司全体员工进行分享，对于认为考察单位做的先进、有创新的地方，还要求公司上下立即进行推广与执行。

按说这样善于学习、执行力迅速的企业，其管理水平也应该不断取得进步。然而，事实却并非如此。几年下来，K公司的老板发现，公司年年鼓励员工外出学习、考察，每年在管理上也似乎不断涌出新花样，新概念、新名词层出不穷。但是，公司无论是业务发展、经营效益还是管理水平都并未取得预期的成效。

以提高管理水平为例，K公司老板在参观考察某个品牌公司时，发现其办公室非常有特色，没有一个个的格子间，也没有独立的办公室，只有一个非常宽敞的大办公室，无论是部门领导还是普通员工都坐在一起工作，对方称之为开放式办公，并表示这样能够打破部门之间沟通的壁垒，有利于提高各部门之间的工作效率。这种办公形式其实是模仿美国的惠普公司，惠普公司称之为"周游式管理办法",鼓励部门负责人深入基层,直接接触广大职工。为达到这个目的,惠普公司的办公室布局采用美国当时少见的"敞开式大房间",即全体人员都在一间敞厅中办公,各部门之间只有矮屏分隔,除少量会议室、会客室外,无论哪级领导都不设单独的办公室,同时不称头衔,即使对董事长也直呼其名。这样有利于上下层级的员工相互联络、沟通协作,创造无拘束、友好合作的气氛。

K公司的老板一听,感觉这个方式不错,回到企业后立即安排拆掉了原来传统式的格子间,打造了一个"开放式办公室",除会议室与会客室外,不设独立办公室,并要求各个部门,上至管理者下至普通员工,都共同在一个敞开的大办公室中工作,同时要求人事部发文,规定无论是各部门领导还是员工,彼此之间都不许称呼头衔,对老板也要直呼其名。起初大家觉得这种形式很新鲜,然而时间一长却发现,各部门之间的工作方式与工作流程并没有发生实质的变化,各部门的人员也依然按自己熟悉的小圈子围坐在一起办公,工作效率也并未因此而提高。反而造成了办公秩序混乱、工作相互干扰的局面,不得已又恢复原状。

显然,K公司的老板学习的仅仅是形式,而非实质。惠普公司作为一个鼓励灵活性和创造性的企业,其倡导的开放式办公,实质是要求打破各级、各部门之间的隔阂,促进相互之间的沟通与交流。因此,惠普的管理架构、规章制度、企业文化也都是以此为核心,而采用开放式的办公形式,是为了避免在工作中人为的设置屏障分隔,制造平等的气氛。K公司要向惠普学习的是结合自身企业的特点,优化管理架构与业务流程,从而帮助企业建立更为顺畅的沟通渠道,提高各部门之间的工作效率,而并非仅仅学习其改变办公环境的形式。实际上作为一个物业管理公司,K公司管理干部大多在现场处理问题,并不存在脱离基层的问题,而沟通障碍,和办公形式并无必然联系。

类似的学习内容还有"计划管理",K公司也推行过一段时间的计划管理，包括年度计划、季度计划、月计划到周计划，要求各部门按期上报计划的完成情况、制订下期的工作计划，并且每个月召开月度例会进行逐一汇报与总结，以此作为各部门月度绩效考核的依据。看似是一套很完善的计划管理体系。然而，实际的执行情况却不尽如人意。每个部门人员都写各自的工作计划，而这些计划有些是例行工作，有些是长期工作。于是，往往是这期没做完的，下期接着做，甚至有的员工干脆一项工作计划写一个月。久而久之，大家都将写计划本身变成了一项例行的工作。计划管理也失去了对工作进行有效计划的作用。

像K公司这样热衷于向先进企业学习的企业很多，然而结果都与目标相去甚远。这是因为企业在学习的过程中，并没有领会到优秀企业之所以优秀的实质，而仅仅是照搬了其优秀做法的形式。这样的企业往往容易被一些新概念、新名词或某种理论吸引，看似具有很高的学习热情，却没有深入思考的精神，没有领悟到其成功实践的本质。

实质重于形式，在企业日常管理行为中也常看到只重形式而非实质的现象。"互联网+"的时代来临，很多物业管理企业为了跟上"互联网+"的概念，也纷纷推出各种社区App，倡导社区运营，流行什么就追什么，而没有考虑到自身的实际情况，更多只是盲目照搬，结果App上线后，用户寥寥。经验可以借鉴，成功不可复制。企业需要对自身的实践进行独立思考，逐一将零散的经验系统化，才能够找到问题的实质，掌握经营之道。

同样是擅长学习，内蒙古一家物业公司的做法更值得借鉴。该物业公司接管了一个项目，由于是五六年前建设的小区，设计上未采用人车分流的方案，车位数量也严重不足，小区一到晚上八点后大门内侧道路上停放的都是车辆，严重时车辆一开进大门甚至都不知往哪个方向行驶，无序停车给车主和其他住户的生活都带来了极大的不便，并直接影响到物业管理费和停车费的收取。客观上来说，开发商在最初设计时对车位配比考量不足，才造成了今天的局面。但是这家物业公司并没有将责任推到开发商身上，而是从积极解决实际问题的角度思考解决方案，并参考学习了国家道路交通安全法，像规划城市交通道路一样，对小区内的道路、停车位和标识系统进行了重新的规划和设计，分离和标出行车路线、车位和人行道，安装了隔离护栏，画上交通标线，安装好各式交通标志牌，包括隔离带、防撞桶、缓冲带、方向标、行车指示标牌等。并重新规划了小区道路旁边的临时停车位和固定车位。通过这样的设计与改造，不仅缓解了小区车位紧张的问题，而且改善了小区内的交通环境，提高了安全性。业主的满意度提高了，收费难的问题自然也就解决了。

同样是通过学习，寻求解决问题之道，提高自身的管理水平。后者的做法更具备实效性。这是因为，该公司借鉴了国家道路交通安全法，将其灵活运用到小区内管理，产生了实际效果，而非仅仅是在形式上装个标识。相比很多物业管理企业在参观考察项目时，争相对各类标识与先进工具进行拍照，对碎片化的创新进行模仿，并迫切地期望回去就能够"学以致用"。企业更该关注这些做法的实质和内涵逻辑，结合自身的实际情况合理应用，从根本上解决企业的实际问题，从而避免舍本逐末。实质重于形式，管理注重实效，才是行业企业间需提倡的学习之道。

（本文发表于《现代物业》2016年03期，文章名为"实质重于形式，管理注重实效"，于2021年5月编辑整理）

相对于人力成本占据成本主力，物业管理行业的人力规划与职业规划都未能跟上发展的步伐。

物业管理行业更要注重员工的职业规划

一群鸬鹚辛辛苦苦跟着一位渔夫十几年，立下了汗马功劳。但随着年龄的增长，它们腿脚不灵便，眼睛也不好使了，捕鱼的数量越来越少。后来，渔夫又买了几只小鸬鹚，经过简单训练，便让新老鸬鹚一起出海捕鱼，由于渔夫的精心调教，加之老鸬鹚的"传帮带"，新买的鸬鹚很快学会了捕鱼的本领，渔夫很高兴。

新来的鸬鹚很知足：只是干了一点微不足道的工作，主人就对自己这么好，便下定了知恩图报的决心，一个个拼命地为主人工作。而那几只老鸬鹚因为老得不能出海了，主人便对它们冷淡起来，吃的住的都比新来的鸬鹚差远了。日子一久，几只老鸬鹚瘦得皮包骨头，奄奄一息，另几只老鸬鹚干脆被主人杀掉炖了汤。

一日，几只年轻的鸬鹚突然集体罢工，任凭渔夫如何驱赶，再也不肯下海捕鱼。渔夫抱怨说："我待你们不薄呀，每天让你们吃着鲜嫩的小鱼，住着舒适的窝棚，时不时还让你们休息一天半天，你们不思回报，却闹起了情绪。怎么这么没良心呀！"这时，一只年轻的鸬鹚发话了："主人呀，你对我们越好，我们越害怕。你想想，现在我们身强力壮，有吃有喝，但老了，还不落个老鸬鹚一样的下场？！"

这个寓言故事很有意思。这个故事也经常被人们用来强调企业需要关注员工的需求层次，需要对员工进行职业生涯管理。事实上鸬鹚不是人，鸬鹚是不太可能会罢工的。罢工对于现实中的人来说也是个极端手段，更多的人会选择离去。离去对于很多企业来说，只不过是在完成"旧人离去、新人补充"的人力资源循环而已，特别是在劳动力处于买方市场的人口红利时代。但是现在劳动力市场已经发生了根本的变化，由买方市场转变为卖方市场，因此谈职业生涯管理的人也就逐渐多了，但真正懂得职业生涯管理并将其落到实处的企业并不多。

职业生涯管理（Career Management）最早是在美国从人力资源管理理论与实践中发展起来的新学科。所谓生涯，根据美国组织行为专家道格拉斯·霍尔的观念，是指一个人一生工作经历中所包括的一系列活动和行为。职业生涯管理，是指企业帮助员工制订其生涯计划和帮助其生涯发展的一系列活动。职业生涯管理是企业为实现每位员工自主开发精神资源的有效管理方式，它能有效抑制企业与员工个体在目标整合上的偏差，并避免由此造成的员工工作的主动性、积极性等因素的丧失。

物业管理行业技术含量不高，行业的职业发展通道非常狭窄，几乎只有管理一个职系。我们经常看到很多保安、客服人员从基层做起，逐渐成为管理处主任、项目经理，甚至是物业管理企业的老总，却很少看到工程人员能够通过走专业的技术路线，成长为工程经理或工程总监。物业管理公司大多没有类似技术总监的岗位和职务，失去了技术支持、没有技术含量的品质管理也就成了人人能干、谁也干不好的"万金油"。所以行业内的基层人员都把走向管理岗位作为自己的职业规划目标，从而导致行业的技术人员很难在一个企业长期持续地发展，技术好的人才也多会由于发展受限而转向更重视专业技术的行业领域，这也难怪这个行业特别缺乏各模块的专业技术人员。

为了解决技术型人员的职业发展规划问题，在企业内部推行财务管理一体化时，将财务系统人员按专业模块（跨区域、跨部门）设立了若干专业小组，薪酬福利向各小组的核心骨干适当倾斜，使得各专业小组成为管理职系之外的另一职业通道。但这个财务系统内的专业技术职系还仅仅限于财务系统内的职业通道，尽管对稳定和培训财务骨干起到了积极的作用，但其获得的资源还是和管理职系有相当的差距。职业通道管理是职业生涯管理的一个重要内容，它使具有不同能力素质、不同职业兴趣的员工都可以找到适合自己的上升路径，避免所有人都拥挤在管理跑道上。

职业生涯管理其实有很多内容，比如说继任规划，继任规划是指企业为保障其内部重要岗位有一批优秀的人才能够继任而采取的相应人力资源开发培训、晋升与管理的制度与措施。对于一个健康的企业来说，不是等到内部出现了职位的空缺才考虑该提升谁，而是有计划地建立继任规划，以确保一批高素质至少是合适的人才能够及时补充到企业的重要岗位上。不过，有一点需要特别注意的是不要将继任规划做成人事阴谋，这是很多企业易犯的毛病。同时管理者也要有培养继任人才的意识，最重要的还是相对完善的制度。继任规划在一些合资企业常常见到，就是所谓的储备干部制度。这些储备干部在储备期间能力并不突出，只是作为"继任者"培养，在储备期间，他们并不从事岗位的具体工作。因为具体工作由"现任者"负责，他们的任务是学习、积累、做分析、调查研究。一旦现任者因各种原因离岗，他们可以及时补充。美国副总统制度也是继任规划的一个典型。相反，在物业管理企业，普遍没有继任规划，倒有赶鸭子上架。

在物业管理行业当中，与"鸬鹚的故事"相类似的案例还有很多。如前面所谈到的不少物业管理企业的项目经理甚至是企业老总，都是从普通的保安到保安班长、主管、经理……一步一步发展起来的。且大部分情况下，也是随着所在的企业一起成长起来的。其职业生涯和公司的发展得到了一定程度的结合，尽管这种结合是自发的、有一定限度的，但是无疑这就是职业生涯管理的目标，即员工个人和公司的发展高度统一，共同发展。但是，由于起步低，在薪酬待遇上，与市场正常的薪酬水平差距很大，再加上由于职业通道狭窄而导致职业发展常有"瓶颈",使得很多和企业一同成长起来的老员工认为在公司的发展有限,而逐渐萌生去意甚至退出行业。这对于人才匮乏的行业来说是件很遗憾的事情,但企业的人才流动也是一件非常正常的事情,我们无法阻止人员的流动,但是我们可以通过职业生涯规划,提前作好人力资源的规划,从而使企业的人力资源始终保持动态的平衡。这也从侧面说明了职业生涯管理是一项很专业的工作,需要遵循动态原则。从而使人员流动在动态中呈现有序、有计划、可控的状态。

除了动态原则之外,还需遵循长期性原则。员工的职业生涯发展规划要贯穿员工职业生涯的始终。其实对于大多数员工来说,都能够清楚地认识到公司目前的实力,并不期望公司可以给到永久的保障。并不会像罢工的鸬鹚那样期望年老时的待遇。但是对于一个有进取心的骨干员工来说,往往对自己的职业发展非常关注,期望能够在企业中不断进步,不断创造及实现更多的价值,获得更高程度的认可度和成就感。无论是美国副总统制度,还是一些合资企业的储备干部制度,并不是应对人力招聘难的权宜之计,而是一项长期实施的制度。即使在人口红利时代,储备干部制度一样执行得很坚决。

企业员工的职业生涯管理对于稳定团队、激励团队,特别是核心团队的作用是毋庸置疑的。但是职业生涯管理的内容和要求很多,也是一项非常专业、务实的工作。而这两点又恰恰是很多业内企业的软肋,系统实施落实职业生涯管理还是颇有难度的。也许对照职业生涯管理的要求和本质需求,在人力资源管理中尽量少犯低级错误是更现实的做法。不能给鸬鹚提供养老也就罢了,还要"炖汤"就太离谱。赶鸭子上架不仅对企业不合适,对员工也不合适。因为企业对于人员使用过于随意,发现实在不合适就会弃置。这种始乱终弃也是典型的不负责任。当然企业对员工不负责任,反之员工亦然。需要指出的是,物业管理企业缺少职业生涯的规划，体现的不仅是管理水平的低下，更深地反映出业内企业缺乏长期的人才战略，乃至企业长期的战略规划。

（本文发表于《住宅与房地产》2013年05期，文章名为不做罢工的"鸬鹚"》，于2021年5月编辑整理）

> 物质激励的同时还要辅以精神激励，相比短期刺激，对员工的长期激励更有效。

物业管理企业激励员工的原则

根据《2014—2015年企业年终奖特别调研报告》显示，互联网金融行业以平均年终奖近4万元引领各行业，而以往稳居前三的房地产行业跌至第六。事实上，在房地产市场下行的大环境下，大多数房地产企业都没有完成年初的目标，深陷在业绩下滑、库存高企、资金链紧绷的困境中。在已公布2014年年报的73家上市房企中，一半的房企出现了业绩下滑的现象，15家房企下滑幅度达到300%，可能面临亏损，年终奖缩水已是必然。甚至一些房企由于资金链紧张，企业员工的薪酬都已延迟发放，年终奖更是无以为盼。

年终奖，顾名思义是企业在每个年度末，根据企业的经营状况和员工的业绩考核结果，给予员工的奖励，用以有效激励员工，增加企业的凝聚力。年终奖既是一种物质奖励，也是对员工一年来工作业绩的肯定，其本质仍是激发员工积极性与创造性，提高员工工作绩效。

在现代企业管理中，对员工的激励方式通常分为物质激励和精神激励两种：物质激励是对员工物质需要的满足，即给予员工金钱、福利等可以用物质满足来实现的激励效果，年终奖即属于物质奖激励；而精神激励则是对员工精神需要的满足，通过赋予员工荣誉、晋升，给予挑战性的机会等达到激励的效果。商业心理学家拉瑞纳·凯斯博士认为："假如员工得到的报酬不足，金钱会成为他们不快的原因。但在经济不景气时，最能鼓励员工的反而是一些免费的东西，比如：被表扬，被关心，感受到来自老板的同情等。"但现实中，大多数企业在对员工实施激励的过程中，往往把物质奖励作为主要的激励措施，没有意识到精神激励的重要性，尤其是房地产行业。因此，企业为了维持员工的工作积极性，花费大量的资金用于对员工的物质奖励，一旦企业出现经营困境，无力承担高昂的物质奖励时，员工的工作积极性和工作绩效就会大幅下降。

一、警惕过度激励的负面作用

目前大部分房企的薪酬体系都是年薪制，将年终奖与业绩考核挂钩。过去，在房地产行业最为鼎盛的时期，房企员工的年终奖都以数倍、甚至十几倍计，房企高管年薪逾百万元更是普遍现象。高收入已然是房地产企业的标签之一。这样的情况下，大多数房企只注重物质奖励，忽视精神奖励，丰厚的薪酬成为房企的一种常态。一旦房企出现业绩下滑、利润率下降，为了减少经营成本，开始降薪、裁员时，就会出现员工积极性下降、跳槽，甚至"集体出逃"的现象。据媒体统计，在2014年11月到12月不到一个月，有60家上市房企的80多名高管相继辞职，而房企"惨淡"业绩则是引发高管"离职潮"的重要因素之一。

二、物质奖励与精神激励并重

与此相对应地，不少房企如万科、碧桂园、龙湖等开始纷纷推出"合伙人制"，即将项目整个承包给职业经理人，职业经理人占有一定股份，从而将企业发展与个人利益紧密捆绑在一起，以此提高其积极性，促进企业顺利渡过难关。"合伙人制"模式对于员工既是一种更为长远的物质奖励，使员工有机会成为企业或项目的"股东"，更是对于员工个人的一种精神激励，增强了员工对于企业的归属感，从而成为吸引人才、提高员工积极性的重要手段。

三、重视对员工的长期激励

作为房地产的关联行业，物业管理企业的年终奖则相对平稳得多。房地产市场火爆时，物业管理企业的年终奖远不及房企那样丰厚；而在房地产市场下行的今天，物业管理企业的年终奖也并未出现房企那样大的波动。年终奖过于稳定就失去了其应有的激励作用，物业公司又没有房地产开发企业的实力可以完全实施物质奖励。因此需要重视的是对于员工的长期激励，例如：关注员工的职业生涯规划、晋升发展通道规划等，为工程维护、园林绿化、智能化及安全管理等专业人才提供在企业长期发展的平台和通道；通过员工持股、合伙人制等模式，将员工的职业规划与企业的长期发展紧密结合，更能有效改善物业管理企业人员流动大、人才缺失的现状。

四、建立正确的激励标准

每个企业都有一套激励体制，无论是业绩考核还是多维度的综合考评，都是通过各个指标的达成情况来对员工的工作业绩进行评价，从而确定激励形式及其幅度。但很多企业在制订激励方案后即推行实施，并未对其进行检验，以确定标准是否全面、客观，评价结果是否符合事实。因此，在实现激励过程中就容易出现偏差。例如鼓励快速完成任务，而不注重工作质量。有些企业在内部过分提倡执行力，强调面对任何问题都必须快速决策、快速执行。从而使员工经常陷入没有价值、甚至是方向错误的忙碌中，这显然是一种错误的工作导向。还有，鼓励会表现的员工，而忽视默默无闻的实干者；鼓励表面的态度，而忽视其工作能力。例如，一些企业管理者往往欣赏态度谦卑、恭敬，甚至阿谀奉承的员工，而忽视其是否具有真才实干、能否胜任其工作岗位。

五、重视对基层人员的激励

企业不仅要重视对管理骨干的激励，还应注重对基层人员的激励。物业管理行业拥有大量的一线人员，并且这些一线人员是与客户直面接触的工作人员，直接展示了企业的服务质量与企业形象。因此，除了直接的物质奖励，更为重要的是精神激励。包括企业对于基层人员的人文关怀、职业尊重及赋予其更多的荣誉。例如：一些物业管理企业会专门邀请员工家属开展答谢活动、给员工家属发放一份补贴及荣誉等。曾在麦当劳集团工作过34年的高管保罗·费斯拉说："麦当劳引以为豪的强大企业凝聚力大部分应归功于长期以来充分肯定勤奋员工的传统。你可以给员工一张写'我看到你某件事做得很好'的小卡片，也可以当着所有人的面过去和某个人握手，你能找到成千上万个方法来表扬员工。关键是要在其他员工的面前公开做出表示。"这就是对于基层人员的精神激励。通过人文关怀与荣誉激励，满足员工的成就感、尊重感、认同感，从而增进基层员工对企业的认同与归属感，提高员工的积极性。

无论是物质激励还是精神激励，企业对于员工的激励都应该是长期持续的行为，而不是短期的强烈刺激。丰厚的年终奖固然是促使员工一年来坚守岗位的"盼头"。但真正能够焕发员工工作热情与积极性的有效方式，一定是物质奖励与精神激励并重，长期正确方式的关怀与激励的持续。

（本文发表于《现代物业》2015年02期，文章名为"年终奖也需'精打细算'"，于2021年5月编辑整理）